イタリア発 シアワセの秘密

笑って! 愛して! トスカーナの平日

大矢アキオ
Akio Lorenzo OYA

二玄社

イタリア発 シアワセの秘密

笑って！ 愛して！ トスカーナの平日

文・写真・イラスト
大矢アキオ

はじめに

「マドンナサンタ！」

その言葉はイタリア人とテレビニュースを観ながら食事をしているとき、以前にも増して彼らの口から発せられるようになった。本来Madonna Santaとは聖母マリアを指すが、「どうなってんだヨ！」という意味でも使われる。

前著『Hotするイタリア』が刊行されたあと、世界は経済危機に見舞われた。イタリアも例外ではなかった。数年前まで得意満面の表情で毎日テレビに登場していたベルルスコーニ政権は経済不安に対処できず、2011年ついに退陣に追い込まれた。2012年に若者の失業率は30パーセント近くにまで上昇し、乗用車の登録台数は1979年の水準にまで戻ってしまった。また、高齢者の半数が受け取っている年金は、月額1000ユーロ（約9万8000円）以下という。日本の厚生年金平均受給額16万1000円（2008年旧社会保険庁調べ）と比べてみても低い。

これでは「マドンナサンタ！」が連発されても仕方ない。

反面、同様にシリアスなデータではあるものの、このような数字もある。イタリアにおける2010年の自殺者数は3048人だ。日本の10分の1である。なかでも経済的理由によるものは187人に過ぎない（イタリア中央統計局調べ）。たとえ人口が日本の半分以下だとしても低い数字だ。彼らが困難の中でも、なんとか生き抜ける社会とは、どんなムードなのか？本書から感じ取っていただければと思う。

前著刊行から5年。筆者がイタリア・トスカーナ州シエナの一小市民として新たに「やめてくれよヨ」と笑ってしまったマドンナサンタ！と、「こんなに愛すべき国民はいないぜ」と感激のあまり発したマドンナサンタ！を多数仕込んだ。

本書を読む間、しばしイタリア地方都市の横丁に紛れ込み、文中に登場するおじさんやおばさんのアミーチ（友達）になった気分に浸っていただければ、と願っている。そして、苦しいときもラッキーなときも「マドンナサンタ！」と声をあげて笑って済ませるようになれれば、あなたもシアワセなイタリアーノ&イタリアーナである。

大矢アキオ

目次

第2章　暮らしのなかのシアワセ　41

第4章　クルマのあるシアワセ　121

初出

本書は、2008～2012年にかけて、大矢アキオが以下のラジオ放送や雑誌・ウェブ媒体連載のために執筆・撮影した原稿から抜粋し、加筆・訂正・編集をしたものです。

（順不同）

[ラジオ]
●NHKラジオ深夜便
「ワールドネットワーク」 日本放送協会

[雑誌]
●NHKラジオ深夜便
「海外リポーター便」 NHKサービスセンター
●NAVI
「イタリア直送エンスー通信 シエナの街角から」

二玄社

[ウェブサイト]
●朝日新聞デジタル　http://www.asahi.com/
「イタリア発　大矢アキオのアモーレ！モトーレ！」

朝日新聞社
●web CG　http://www.webcg.net/
「マッキナ　あらモーダ！」

日経デジタルコンテンツ
●レスポンス　http://response.jp
「大矢アキオ　喰いすぎ注意」イード

各社のご理解・ご協力に改めて御礼申し上げます。

なお、文中の価格や日本円換算価格は、あくまでも当時のもの、あるいは筆者の経験に基づいて書かれたものです。現在の価格や換算価格ではありません。登場人物の年齢も取材時のものです。また製品およびサービスは、その在庫・継続を保証するものではありません。

著者

第1章 家族と絆のある シアワセ

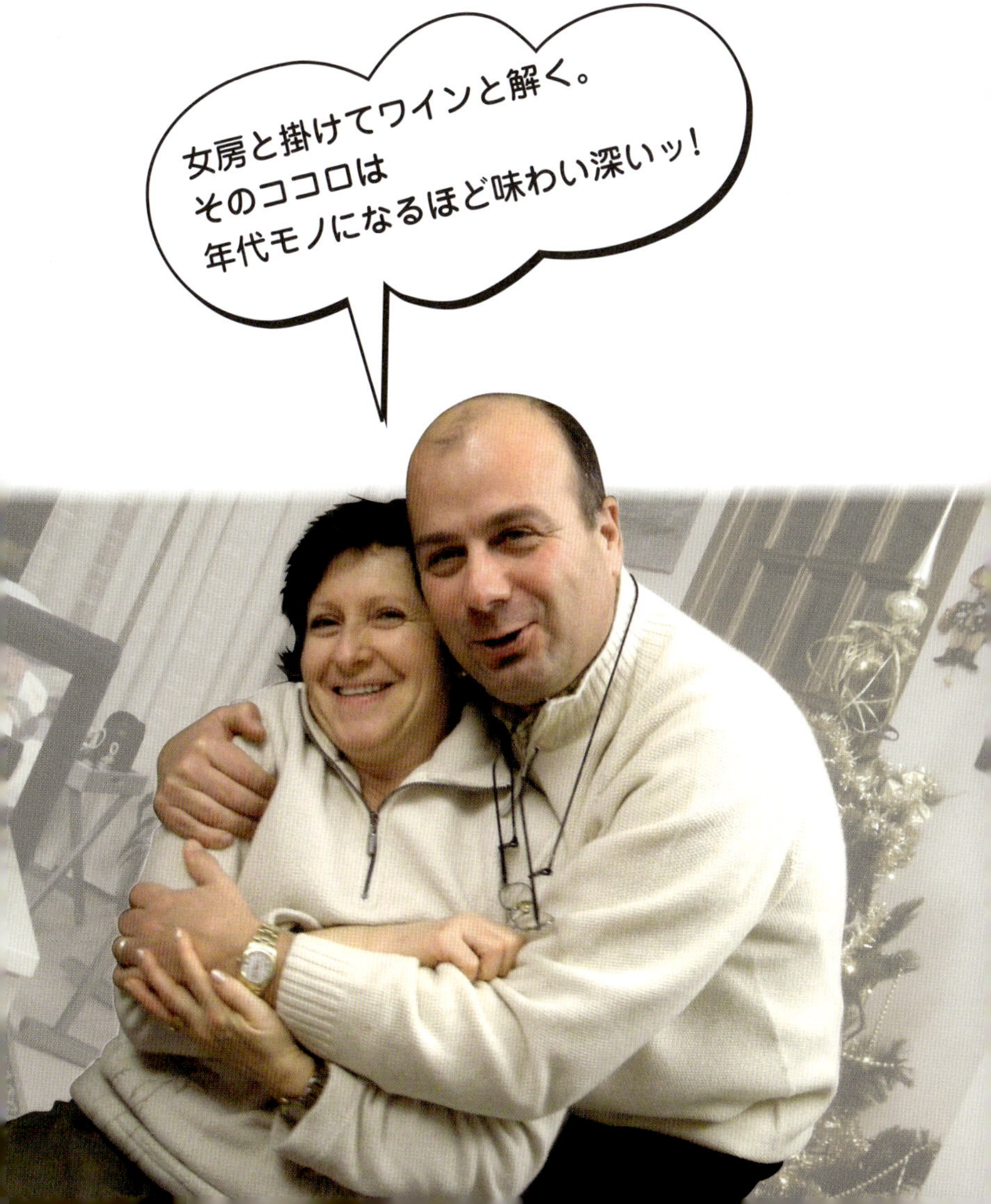
女房と掛けてワインと解く。
そのココロは
年代モノになるほど味わい深いッ！

大矢アキオの横丁スナップ　家族と絆篇

大矢アキオの横丁スナップ
家族と絆篇

↑クリスマス時期、リサイクルショップが大盛況なワケは？（p.26）

→カルロさん91歳。朝の日課は曾孫とのメール交換（p.36）

理想の家は郊外で「どんと来い！　1ダース」

イタリア人に「理想の住まい」について、外資系保険会社がアンケートしたデータがある。それによると、イタリア人は家を選ぶときの最優先事項として、64％の人が「もてなしやすい家」と答えている。2位の「機能的な家」52％より12％も高い数字だ。ちなみに以下は、「快適な家」27％、「環境に配慮した家」12％、「ハイテクノロジーの家」8％と続いている。

たしかに知り合いのイタリア人家庭をみてもダブルのソファーベッドが3つあって、突然お客が来ても6人は泊まれるようになっている。さらなるお客のためには物置きにダブル用の余分なマットレスも3枚仕舞ってあった。それまで数えると、12人・1ダースは泊まれることになる。

このようにイタリアの家は、お客がたくさん泊まれるようになっていることが多いのだ。狭い賃貸アパートで毎晩「鬱陶しいから、もっと離れて寝てよ」などと女房から怒られているボクとしてはなんとも羨ましいかぎりである。

イタリアでも核家族化が進行している。しかしだからこそ、昔のように親戚や友人で集まって時間を過ごす機会を大切にする傾向がある。家選びにあたっても、それを重視する人が多い。

同じ調査では、もうひとつ面白い傾向がわかる。回答者の半数以上である63％が郊外に家を望んでいるのだ。背景には、市街地の騒がしさ、不便さがある。実はボクが住む世界遺産にも指定されているシエナの旧市街を見回しても、郊外に引っ越す人が増えている。

イタリア中部トスカーナ州のシエナ市は、2007年末の時点で、全人口約5万3000人のうち、我が家のように旧市街に住んでいるのは約1万1000人。20・65％に過ぎない。5人にひとりちょっとしかいない計算だ。

たしかに旧市街の建物は、築数百年のものが大半で、いくら内装をきれいにしても限界がある。人をもてなせる大きな間取りも少ない。また、多くの人が郊外で働く今日、旧市街は歩行者天国が多くて交通規制が多く、ドア・トゥ・ドアの移動ができず不便だ。

さらに中世ルネッサンスの建造物が多く、建築規制が多い旧市街に大型スーパーは造りにくい。実際我が家の周囲でもスーパーは小さなものが2軒だけだ。いっぽう郊外には大型ショッピングセンターがたくさん建設されるようになって、たとえ旧市街に住んでいなくても生活上不便ではなくなった。

加えて、お年寄りも今や自動車を運転するので、郊外でも十分生活が成り立つ。

シエナに関していえば総合病院も同じく、旧市街から数キロ北に離れたところに、すべての診察科目が移転してしまった。もとの病院は9世紀にその起源を遡り、ローマに向かう疲れた巡礼者たちを診療していたものだ。そこからの移転は、11世紀ぶりの引越しということになる。歴史的大転換にボクは立ち会ったことになる。

空いた市街地の家は、どうするか？　よくあるのは大学生に共同アパートとして貸してしまう手だ。わが家のアパートも定住者がずいぶん引っ越してしまっていることに気づいたのは、先日、エントランスのインターフォンが壊れたときだった。修理の見積もりをとると、日本円にして1万8000円近くかかることが判明した。このアパートには管理費などというものは無いから、みんなの同意を得て集金しないといけない。

調べてみると9世帯のうち、家族で住んでいるのは我が家ともう1世帯だけとなってしまっていることがわかった。少し前まで階下にいたお年寄りも、いよいよ娘夫婦のところに引き取られたようだ。あとは空き家か、学生に貸してしまっている。家主と連絡がとれないのだ。肝心のもう1世帯も仕事が忙しく、日中家にいない。結局ボクが全家主さんとの連絡に奔走せざるを得なくなった。インターフォンが直るまでは、小っ恥ずかしいが来訪者には外から「アキーオ！」と大声で叫んでもらうことにした。

それはともかく、もしこれでもう1世帯がいなくなると、推定築300年といわれるこのアパートで歴史上初の東洋人アパート（ひとり）自治会長になってしまうことは確実だ。

これがイタリア式披露宴だ！

ボクがイタリアで過去4回結婚式に出席したカップルのうち、すでに2組が別れている。5割という高い確率だ。そんなことを知らずに、親切なイタリア人の皆さんは、ボクをよく結婚式に招いてくれる。

イタリアの消費者団体フェデルコンスマトーリが2008年に発表したところによると、イタリア人が結婚式や披露宴にかける費用の平均は2万7000ユーロ（約442万円）であることがわかった。7年前の調査と比べて4割も高くなっている。日本の挙式費用の平均といわれる300万円と比べても高い。

どこにお金がかかっているのか？　発表された平均的内訳を、ボクが出席したイタリア人の結婚式・披露宴を思い出しながら見てゆこう。

まずは出席するこちら側の準備から。ボクが住む地方に関していえば、ドレスコードは比較的ゆるい。

またイタリアでは、他の欧州諸国でもみられるように、新郎新婦の指定した店に出席者が出向き、カタログの中から自分が贈りたい生活用品を選ぶ習慣がある。出席者がご祝儀にお金を包む必要はないので、「いくら包めばいいかな」など考える必要がないのも楽だ。逆にいえば、

シエナ・カンポ広場の市役所で結婚式を挙げた知人キアラ & ヤコポ。

新郎新婦側の家庭としては、ご祝儀を結婚費用に充当できないのは痛い。
さて、肝心の結婚式の費用である。
〈衣装〉 イタリアでは貸衣裳が、ほとんど普及していない。そのため、すべて買って揃えなければならない。新郎は16万円。新婦は靴やパーマ、化粧も含めて約51万円という。
〈レンタカー〉 イタリアの結婚式にクルマは必須。新婦を実家から教会まで送るためだ。さらに式のあと、新郎新婦を披露宴のレストランやホテルに送るのにもクルマが要る。このレンタカー代が約11万円。
〈お花〉 教会・披露宴会場・ブーケ、加えて新婦を家から式場まで運ぶクルマも花で飾る。その総額、約19万円。
〈結婚式場〉 教会のほか、市役所のホールで行なうカップルも多い。カトリック教会が男女どちらかが再婚の場合、教会式を認めていないのと、さまざまな宗教のカップルや、宗教観にこだわらないカップルが増えたためである。ただし市役所でも指輪の交換あり。そのための指輪には最低6万円ちょっとかかる。
〈披露宴〉 彼らが撮影セッションを繰り広げているその間に、出席者は、各自クルマで昼食を兼ねた披露宴会場へと移動している。
しかし披露宴は、あっけなく始まる。司会者も、新郎新婦の挨拶もない。
そして、すぐ食べに入るのだが、これがすさまじい。

何って、食事の量がである。

イタリアのフルコースは、日頃から前菜・第1の皿、第2の皿、付け合わせ……と盛りだくさんなのに、こういう祝いの席では、第1の皿、第2の皿が、それぞれ2品、場合によっては3品出てくる。さらにウェイターさんは客の皿が空くと、おかわりをすかさず持参。わんこそば状態だ。スパゲッティのあとにリゾットが出されるだけでも結構きつい。食後のフルーツ、ケーキという頃には、夕方の5時をまわっていたりする。約4時間にわたるフルコース料理攻めである。

この豪華食事、ホールの使用料と合わせて、100人でおよそ193万円だそうだ。計算してみると、挙式費用の43％は披露宴の食べ物代に使われることになる。

帰りには、「ボンボニエレ」といわれる小物と白い砂糖菓子を出席者全員に渡すのも習わし。これが約20万円。

これに新婚旅行など、もろもろが加わり、冒頭の合計442万円になってしまうというわけだ。お金をかけるカップルだと、4万7910ユーロ（約785万円）を費やすそうだ。

いっぽうで思い出すのは、70代のイタリア人の話である。子供の頃、お菓子が食べられたのは、クリスマスと復活祭、そしてこうした親戚のお祝いがあるときだけだったという。古いイタリア映画などにみられる、村の小さな食堂の一角を借りて親戚だけで祝う披露宴そのままの風景である。当時からすると、生活が豊かになって、披露宴の内容もエスカレートしてしまったというわけだ。

ところで多くのイタリア人カップルは、記念写真やビデオ撮影にも多額のお金をかける。写真100枚+豪華装丁アルバムで41万円、ビデオは16万円が目安らしい。

カメラマンは最低2人体制で、式の間は神父さんの裏側にまで回り込んで撮影する気合いの入れようである。式が終わったあとも、撮影セッションはえんえんと続く。教会前で、街の広場で、そして馬車に乗って……とテレビロケさながらである。そして後日「俳優・女優なりきりアルバム」ができる。

大抵の場合、撮影に時間がかかりすぎて、なかなか披露宴が始まらない。

そういうときは、腹が空いた親族のおじさんたちがフォークとナイフを握って「パスタ、パスタ！」と、シュプレヒコールをあげる。

その姿、子供のごとく。たとえ披露宴が豪華になろうと、そのノリは村の食堂と変わらない。なんとも微笑ましいのである。

密着！ イタリア式 七五三

コムニオーネとは

春先、我が家にイタリア人家庭から「5月○日の週末は、予定空けとけよ」という電話が立て続けに2本も入った。何だい？と訊けば、彼らの子供の「プリマ・コムニオーネがある」という。「コムニオーネ」とは日本語で「聖体拝領式」といわれるものだ。「聖なる体を拝んで受け取る」と書く。カトリック教会でキリストの体を表すパンを皆で分かちあって食べる、毎日曜日のミサで行なわれる儀式である。その「コムニオーネ」に「プリマ」が付くと、子供が初めてその式に参加する日だ。これがイタリアでは大変なイベントなのである。

イタリアでカトリックを信じる家庭では大抵、7歳から9歳くらいのとき、「カテキズモ」といわれる聖書教育を教会で受けさせる。それを終えた子供が参加するのが「プリマ・コムニオーネ」というわけだ。近年は宗教や宗教観の多様化を背景に減少傾向にあるものの、イタリアでは、年間およそ45万人の子供がプリマ・コムニオーネを受けている。4月のイースターが終わったあとがシーズンである。

子供は犬と同じくらい接するのが苦手なボクであるが、考えてみるとイタリアに住み始めて「プリマ・コムニオーネ」を見たことがない。気持ちを変えて、ちょっと覗いてみることにした。

知人から招かれた2件のプリマ・コムニオーネは3週間ほど日が空いていたが、いずれも日曜日の午前だ。以下は我が家から徒歩10分の教会で行なわれた1件めのライブである。

当日朝、教会に入って待っていると、プリマ・コムニオーネを受ける子供たちが正面扉から朝日を浴びながら入場してきた。

基本的な式の流れは毎週日曜のミサとそれほど変わらない。しかし途中で神父さんが子供の名前をひとりひとり呼んで立ち上がらせたり、子供たちと聖書に関する問答などを行なったりした。その間にも教会公認フォトグラファーが、子供ひとりひとりの写真を、かなり熱心に撮る。結婚式もそうだが、イタリア人は記念日の写真を大切にする。

しかしあまりにシャッターを切られ、子供も緊張しているのがわかる。

なお、お母さんにきけば、当日子供が着るチュニカといわれる白いガウンは、保護者の負担。円にして約4000円から5000円するそうだ。これに、少ない金額であるが、首から提げる十字架や、女子だと頭にかぶる花飾りも保護者が用意する。こうしたグッズは専門ショップや立派な専用カタログがあって、選べるようになっている。

式のあとは大宴会

プリマ・コムニオーネの儀式はおよそ1時間半。子供にとっては、いくら座っているからといって、かなり疲れるようだ。教会は撮影のため、テレビのスタジオ並みの照明もガンガン焚

式直後のラリス君（右）と両親。みなさんすでにお疲れ気味？

いていた。ボクを呼んでくれたお医者さんの家の子供・ラリス君も、ボクが「暑いだろ」というと即座に「うん」と答え、式が終了すると白いガウンを真っ先に脱いだ。

それから各自のクルマに乗って、保護者が用意したレストランやホテルまで移動だ。そこでは親戚などによるプレゼントの山が、たちまち一角に築かれた。ラリス君の場合、松竹梅でいうと、「松」は祖父母から贈られた任天堂Ｗｉｉ一式だった。

１時半頃になると昼食会が始まった。大人も子供もフルコースである。ちなみに、先ほどの衣装にくわえ、この会食も保護者持ちである。今回参加したのは、いずれも20人前後だったが、家によっては30人から50人も招くこともあるらしい。

多くのレストランはこの季節、「プリマ・コムニオーネお祝いメニュー」といったものを用意している。円にしてひとり4000円前後だから、50人呼ぶと1回の昼食会にもかかわらず20万円近くになる計算だ。

参考までに今回ボクが出席した2家庭の祝いとも、第1の皿、第2の皿を2種類ずつ出した。ラリス君が次に自分が主役となって食べるのは、恐らく結婚式までないフルコース中のフルコースである。

あまりに皿が多いので途中、ウェイターによって皿が来るのが滞ることもある。すると参加者は外の空気を吸ったりして、また戻ってくる。

外の空気を吸いに行ったついでに、親戚の70代の男性に聞いてみると、彼の頃は「お祝いは教会の集会室で、式を受けたみんなでやっていた」そうだ。結婚式同様、この祝いも、イタリアが豊かになるにしたがって盛大になっていったのだ。

実際、2005年にヴァチカンのカトリック教会は、年々華美になるお祝いに疑問を投げかけ、教会の儀式自体も簡素化を進めるとコメントしたが、お祝いは常に盛大になるいっぽうだ。まさに「イタリア式・七五三」である。

子供も泣き出す大スケール

食事の締めは、子供の名前の入ったケーキカットである。子供はケーキの全部を切り分けたがる。だがレストランの人も手馴れたもので、うまいタイミングでケーキを子供の前から回収し、裏で参加者の人数分を切ってからふたたび登場する。

そして、誰からともなく子供の名前が叫ばれ乾杯となる。なお最後まで、親の挨拶、子供の挨拶といったものはない。ただしクライマックスは子供自身が「ボンボニエレ」という結婚式の頁にも出てきた祝い事にしきたりの砂糖菓子と手紙を参加者全員に手渡す。

手紙は、子供の署名がなされているが、当然両親が考えたり定型の文例にしたがったものだ。その頃にはもう夕方の5時近くをまわっていて、子供も相当疲れている。ボクだって疲れているのだから子供の疲れも想像に難くない。

さらに恥ずかしさも手伝って、子供はグズり始める。ラリス君もグズって泣き始めた。しかし、またまたみんな手馴れたもので、いとこたちが主役の子供を見事にあやして、機嫌を直してしまった。いとこたちもその昔、自分のプリマ・コムニオーネで疲れと恥ずかしさでグズッたのに違いない。

かくも一大イベントのプリマ・コムニオーネだが、その季節が終わると、ちょうど小学校は夏休みに入る。ボクが住むトスカーナ州の場合は9月中旬まで、3カ月近いお休みだ。子供もそれを考えれば、この大イベントを乗り切れるというわけだ。

ちなみに、イタリア人家庭には大抵、娘のプリマ・コムニオーネの写真が、成人しても飾られている。いっぽう男の子のプリマ・コムニオーネ写真が飾られているのを見ないのは、多くの場合本人が思春期頃に恥ずかしくて撤去してしまうからだろう。

もらって困るクリスマス・プレゼント

毎年12月になると、イタリアの街はクリスマス・プレゼントを買い求める人で溢れる。節約傾向にあるとはいえ、その市場規模は８８００万ユーロ（約１４４億円。２００８年データ）というから凄まじい。

ところが、あとで困るのが「要らないプレゼント」である。イタリアの消費者団体はときおり面白い数字を弾き出すもので、イタリア全国で「欲しくないプレゼント」の総数は推計２９００万個に達するという。

イタリア人がもらって嬉しくないものの上位は、

1・小さな置き物　**2**・香水　**3**・シェービングローション　**4**・お風呂用ジェルらしい。ネクタイも不人気だ。要は趣味・趣向が強く反映するものに人気がない。

また、別の調査によれば「過去にイタリア人が困ったプレゼント」として

1・サイズ違い　**2**・同じタイプの品の重複（ボクの知り合いのおじいさんもデジタルカメラを一度に３つもらってしまった）　**3**・単に趣味が合わないものを挙げている。

そうした過剰な贈り物の流通を背景に、イタリアの消費者団体コーダコンスによると、プレ

ゼントを使いまわすイタリア人は２００６年の16％から２００７年には21％に増加しており、41％もの人が「プレゼントを日常的に使いまわしている」と答えたという。

リサイクルショップを活用し、要らないものを出す人や安いプレゼントを買う人も増えている。我が街のリサイクルショップに行ってみると、店の前には開店前から多くの人が待ち構えていた。店長のジャンニは、「クリスマス前に要らないものを強化買い取り中ッ！」と鼻息を荒くしていた。

さらなる調査によると、今や8万１０００人のイタリア人がインターネット・オークションで、不要なプレゼントを売りに出しているという。ちなみにイタリア人は、もらっても困る品を、よく「姑からのプレゼント」と言う。家族関係が密であることはイタリアの美点として取り上げられるが、なかなかどうして、そうばかりでもないことが窺える。

我が家も、イタリア人のやたら人数が多いパーティーに何を持参すべきか頭を悩ませていた。しかしあるとき日本の１００円ショップで買っていった便利グッズが意外にイタリア人にウケることがわかって以来、経済的に大変助かっている。

いっぽうで困ることもある。イタリア人の皆さんもボクに気をきかせてプレゼントを用意してくれるのだが、東洋人ということで真っ先にイメージするものがあるのだろう。ときおり一見和風のお皿やお箸のセットをくださることがある。ただしそこには、日本人が見ると微妙にヘンな書体の漢字がプリントされていたりして、複雑な心境に陥るのである。

おじいちゃん・おばあちゃんの仕事は6兆7千億円分!

なくてはならない存在

イタリアのお年寄りが家庭内で手伝っている仕事を金額に換算すると年間500億ユーロ、およそ6兆7000億円分に相当するという。

ミラノ商工会議所がイタリア中央統計局のデータをもとにして2009年に試算したものだ。お年寄りによる孫の世話、緊急対応、家の掃除などを、プロのベビーシッターやメイドの報酬に置き換えて計算した。

参考までに、イタリアでメイドに掃除などを依頼する金額は、拙著『Hotするイタリア』に記したとおり日本円にして時給1000円が相場である。またスクールバスがない都市部などでは、幼稚園はもちろん小学校も送り迎えが必要だ。そのため、家族内でお年寄りがその役を引き受けている場合が多い。

とくに夏の間イタリアのお年寄りは、年間〝仕事量〟の1割にあたる50億ユーロ相当の仕事をしているという。休みに入った孫の世話を引き受けたり、子ども夫婦が家族旅行をしている間の留守番を頼まれるケースが増えるためである。試算を発表したミラノ商工会議所も「イタリアでお年寄りが果たす役割は、大変重要でありがたい」と結んでいる。

マンマの料理よりもおいしいヨ

イタリアで家族がお年寄りに家事を頼みやすい背景には「住環境」がある。これもイタリア中央統計局によると、この国の人口の51・8％、つまり半分以上が自分の母親と同居、55・1％が父親と同居している。1km以内に母親が住んでいる人も11・9％にのぼる。つまり6割以上もの人がお母さんと同居、もしくは近くに住んでいることになる。したがって、「ちょっとしたお願い」でも、頼みやすい環境なのである。今日イタリアでは夫婦共働きが一般的だが、それを支えているのも、こうした「おじいちゃん・おばあちゃんが近くにいる環境」あってのことなのだ。

さらに、高齢者が家事に手慣れていることもある。

今日おばあちゃんといわれる60〜70代の人たちは昔、自分の母親や姑から厳しく伝統料理を教わった人が多い。いっぽう今日の母親の世代は、仕事が忙しく、なかなか家事を学ぶ機会がなかった。そのため「マンマ（お母さん）の料理より、ノンナ（おばあちゃん）の料理のほうがおいしいヨ」と、公然と言う孫さえいる。

おじいちゃんも器用な人が多い。物が乏しかった時代を経験しているので、家具なども丁寧にこつこつと直してしまうのだ。高度成長期に甘やかされて育った息子よりも、家の役にたつ。ついでにいうと送り迎えも厭わない。おじいちゃん世代は、スピード＝運転がうまいと思っている人が多いから、孫を乗せていると妙に運転に気合いが入る。ただし家までの途中バールに立ち寄り、孫そっちのけで昔からの友達と話しこんでしまうおじいちゃんも時折見かける。

孫は家族のかすがい

おじいちゃんの仕事で思い出したのは、マウロおじさん（仮名。63歳）だ。マウロおじさんは少し前、定年まであと4、5年というところで、勤務していた工場を解雇されてしまった。その前後から奥さんとも上手くいかなくなり、離婚もしてしまった。

そうかといって、マウロおじさんは畑仕事の趣味もなければ、前述のおじいさんたちのように手先が器用でもない。仕方がないので、朝と夕方にバールに行って、店先でコーヒーを傾ける生活をするようになった。

『イタリア式七五三』のラリス君もおじいちゃん・おばあちゃん子だ。

ボクと女房などは当初、「マウロおじさんに届け物があれば、午前中バールに行けば十中八九座ってるよ」と笑ったものの、家族の状況が状況だけにちょっぴり複雑な心境でもあった。

さらにマウロおじさんは娘ともギクシャクし始めた。自分の意に反して、彼女が交際相手の男性と一緒に住み始めたからだ。以来連絡を絶ってしまい、彼女の結婚式にも現れなかった。いつもいるバールと、式場である市役所は、広場をはさんで反対側だというのに、である。

そんなあるとき、マウロおじさんがバールにぱたりと現れなくなった。ひとり暮らしなので何かあってはいけない。そう思って、念のためマウロさんの元・奥さんのところに行ってみた。すると奥さんいわく、「マウロは、朝夕、幼稚園に行ってるのよ」と言うではないか。聞けば、娘の子供、つまりマウロおじさんからすると孫の幼稚園の送迎を、マウロさん自ら買って出るようになったというのだ。

ついでに、元奥さんとの交流も復活したようだ。「子は親のかすがい」というが、マウロさん夫婦の場合は「孫は家族のかすがい」となったようだ。

一人暮らし高齢者と余暇を過ごしてくれる家に2万円

ミラノで2009年4月、市当局から、高齢者福祉に関する、ある計画が発表された。「市内で一人暮らしをしているお年寄りと一緒に過ごしてくれる家庭を募集」というものだった。基本的にはボランティアだが、諸費用として、市は月額200ユーロ（およそ2万4000円）を引き受け家庭に支給する仕組みだ。細かい内容は決められていないが、家庭には昼食や余暇などを共に過ごしてもらう。日本でいう「デイサービス」を、一般家庭に引き受けてもらうものといえる。すでにミラノ市では、過去10年にわたってその可能性を模索してきた。

ミラノ市のレティーツィア・モラッティ市長（当時）は導入の理由として、「家に閉じこもってしまったり介護施設に入所するお年寄りよりも、同居人がいるお年寄りの寿命が長いのは、統計的に明らかである」と説明している。

ミラノ市は65歳以上の高齢者が占める比率が24％と、イタリアの全国平均18・2％を大きく上回っている。市としてはこの計画で、福祉予算を削減できることも視野に入れている。

なお、受け入れを希望する家族は、心理テストと面接を受ける必要がある。

この計画に、市民からは「我が家で役にたつことであれば、大歓迎」「お年寄りも交流が増えることで、生きる励みになるのであれば、とてもいいこと」といった賛成派と、「各家に200

ユーロ払うお金で、介護スタッフを増やせば、雇用も増える」「行政の市民サービス放棄である」「たった200ユーロで、まともな外食を提供できるか？」といった反対派の意見が巻き起こった。

ボクが考えただけでも、一緒に過ごしている間、お年寄りに「もしも」のことがあった場合どうするか、などがすぐに思いつく。しかし、都市部共通の悩みとして、お年寄りの交流が地方と比べて少ないことも考慮しなくてはならず、やり方によってはよい結果を生むと思われる。

いっぽうミラノと違って、ボクが住むシエナの人口はおよそ5万3000人で、ミラノの25分の1である。そうしたこともあり、お年寄りどうしの交流は比較的盛んだ。ボクが元気づけられるどころか、驚いてしまうくらい元気なお年寄りも多い。

たとえば、知り合いのオネリアさんは72歳にもかかわらず、週に数回、家政婦として他のお年寄りの家の掃除に行く。といっても、けっして生活に困っているわけではない。元床屋さんの夫は、きわめて若い頃から働いていたので、年金生活には余裕がある。貸しアパートや海の別荘も持っていて、夏の間は1カ月別荘に行ってしまう。

それでもオネリアさんは働く。夫は毎日、午前や夕方に街に散歩にフラっと出かけて友達と会っては話を楽しんでいるのに、主婦をしていると、なかなか人とのつながりが持てないのだ。働きに出るのは、そうした社会との接点を保ち続ける、大切なきっかけにもなっているのである。

近所の自転車屋さんにも、元気なおばあちゃんがいる。リーナさんというおばあちゃんで、１９２３年生まれである。亡くなった夫が戦前に始めた自転車店を、今も息子と守っている。見ていると、ボクでも難しいような自転車の細かい部品を、お客の注文を受けて、「はいはい」と言いながら、てきぱきと棚から取り出している。朝６時起きが健康の秘訣という。昔、夫が部品の仕入れに行くのに起きていたのと同じ時間だという。

我が街のお年寄りではないが、男性でも元気な人を知っている。そのおじいちゃんは、さきほどのリーナさんと同じ１９２３年生まれだ。初めて会ったときは、穏やかなおじいちゃんだったのだが、よくよく聞いてみれば、なんと昔はレーシング・ドライバー、つまりレーサーをしていた人だった。戦後間もなく、伝

STADIO
カルチョと聞くとミョーに熱くなるおじいちゃん
Akio

説のイタリアのスポーツカー・メーカーにメカニックとして勤めたところ腕が買われてドライバーに抜擢され、ひとたびステアリングを握ると有名なレースで上位入賞を果たした。年齢を重ねた今も、快適な高級車よりもキビキビ走る車が好きで、若者好みの小さな車に乗っている。息子さんが耳打ちして明かしてくれたところによると、「今でもときおりスピードを出しすぎるから困る」そうだ。

冒頭のミラノの計画は、引き受け家庭に高齢者と一緒のスポーツ観戦も勧めている。元レーシング・ドライバーがこんな簡単にいるのだから、元サッカー選手だって実はゴロゴロしているに違いない。引き受け家庭以上に熱くなってしまうおじいちゃんがいそうで、今から楽しみである。

バールもあるぞ！　イタリア式高齢者ホーム

カルロさん91歳

知り合いにカルロさんというお年寄りがいる。１９２０年生まれの91歳。いつでもスーツを着て、きちんとネクタイを締めている。にもかかわらず、カバンをたすきがけにして歩いているのがカワイイ。杖こそ使うがしっかり歩き、視力・聴力とも良好だ。町の人によると現役時代は県庁勤務で、市議会議員も何期か務めた人らしい。声も元気そのもの。道で会うたび、こっちが恥ずかしくなるくらいデカい声でボクの名を呼ぶ。

そのカルロさん、あるときから町で見なくなったと思ったら、高齢者ホームに入居したことを知った。夫人に先立たれたのを機に、息子たちと相談して決めたらしい。

先日カルロさんを思い出して手紙を出してみたら、なんと訪問歓迎の返事は電子メールで届いた！　これについてはまたあとで記そう。

カルロさんが入居している高齢者ホームを訪ねてみる。数世紀の間病院として使われてきた建物を修復して約3年前開館したもので、ドアの直後にはホテルと見紛うようなレセプションがあった。いわゆる高級高齢者ホームだ。

「カルロさんを」と告げたらすぐわかった。なにしろ33の個室があるホームの中で最年長らしい。

やがて出てきたカルロさんと廊下を歩きながら話したところによると、入居金は無しで、賃料は3食付きで月額2650ユーロ（約27万円）だ。当初の賃料は長年住んだ家の売却代金を元手にしたという。「入居待ち期間は、幸い僅か2カ月でした」と教えてくれた。

部屋を見せてもらう。居間＋寝室そしてキッチンの完全個室だ。日本でいう2DKであるが、ひと部屋あたりの面積が大きいので、かなり広い。見るからに立派な家具はすべて以前の自宅から運んだものという。

書斎として使っている居間は、現役公務員時代の執務室ムードが漂っている。壁には第二次大戦中に赴いたロシア戦線の写真や、自ら撮った写真が掛かっていた。その横では40年前にカルロさんが手に入れたという背丈ほどの時計が、今も時を刻んでいる。

カルロさんは、ホーム内の食堂に行くときもネクタイを欠かさない。

次に見せてもらったのは寝室だった。無数の可愛い柄のネクタイが掛かっていた。歳を重ねてもイタリア紳士である。

傍らには自ら撮影したという夫人の写真が掛かっていた。

「女王のごとく家を仕切っていましたが、とても可愛かったですよ」と目を細める。「ウチの愚妻が」を繰り返すより、よほど格好いい。

意外に早食い、遅寝

やがて「食事に行きましょう」と地下の食堂に誘われた。その日は週末ゆえ、さまざまな入居者の家族も訪問してきて、食堂はいつも以上に賑わいを増していた。

カルロさんは各テーブルをまわって人々と会話を楽しむ。人気者である。料理を待っている間、健康法を聞くと、「食べるも飲むも腹八分目ですよ」と教えてくれた。

ところが出てくるのはイタリア式のフルコースだ。その日のセコンド・ピアット（第二の皿）は、串焼きかステーキが選べるようになっていた。ワインやジェラートも付く。

若い頃からこうした食事に慣れてきたカルロさんはいいが、ボクの小さな腹からすると、ぜんぜん八分目ではない！　そのうえカルロさん、食べるスピードも速くて、ボクなどは追いつけない。たとえ量が多くても、ほかの入居者と楽しく話しながら食べているから、消化が良いのに違いない。

「食後はあちらで」というので何かと思ったら、そこにはバール（イタリア式喫茶店）が設けられていた。バールは食後に場所を変えてエスプレッソ・コーヒーを楽しむところとは知っていたが、高齢者ホームにまでそれがあるとは。カルロさんは、カウンターでしばし歓談を楽しむ。

カルロさんの1日を聞く。毎朝8時起床。それから、ひ孫たちと電子メール。パソコンはまったくの独学だという。繰り返すが91歳である。昼食のあとは、他の個室の仲良しを回ってしばし談話を楽しむ。午後はDVDで映画を観ながら、うとうとと昼寝する。

そのDVD、日本のレンタルビデオ店のごとく番号が振られ、完璧に整理されているのには驚いた。お気に入りは、米軍人と日本人女性の悲恋を描いたマーロン・ブランド主演の1957年の映画『SAYONARA』だそうな。

「夜は、ふたたび映画を観るので0時前に寝ることはありません」。早寝早起きが健康の秘訣かと思ったら、かなり宵っ張りである。好きなことをして過ごすのなら疲れないし、精神的にもよいから、多少遅い就寝でも体に悪くないとみた。

やがて、高齢者ホームの中のスタッフを案内してくれるという。警備員のクラウディオさんと仲がいいので聞けば、「彼はホームで唯一、私と同じサッカーチーム・ACミランのファンですから」と教えてくれた。次にスタッフ常駐の医療ルームに顔をだす。

「今日は日本式で」とカルロさんは深くおじぎをして入ってゆくと、医療スタッフに大いにウケた。カルロさん、笑いをとることも忘れていない。

謎の倉庫に吸い込まれてゆく

ところがある日、そのカルロさんが、わが家の近所にある倉庫の中に入ってゆくのを見かけた。1カ月近くたって、またまたカルロさんが倉庫の中に吸い込まれてゆくのを目撃した。

刑事ものドラマ全盛時代に子供時代を送ったボクである。倉庫といえば「ヤバい」場所だ。怖い取引等に巻き込まれたりしていないといいのだが。いやもしかして、ああ見えてカルロさんのほうが犯罪組織のボスだったということもある。さまざまな想像が頭を渦巻く。

心配して外で待っていると、しばらくしてカルロさんが出てきた。続いて出てきたのは、なんと近所の知り合いのおじさんだった。

いやー、事情を聞いて安心した。

ジャンニおじさんは今は年金生活者だが、長年床屋さんを街で営んでいた。その頃からの長年の常連だったカルロさんは、今でもおじさんの倉庫で、定期的に髪をカットしてもらっていたのだ。

髪を整えたばかりのカルロさんは、いつもに増してキリッとした風貌で、バスに乗って帰って行った。

こういうお年寄りに、ボクもなりたいと思った。

第2章
暮らしのなかのシアワセ

イライラしたときも
「まっ、ココはイタリアだからナ」って
笑い飛ばせば自然と収まるもんよ。

これがイタリア流「マイナンバー制度」だ!

納税コードの仕組み

税金と社会保障の個人情報を一元化する共通番号制度、日本でいうところのマイナンバーがイタリアにはすでに導入されている。「納税コード」という名称で、イタリア語ではコーディチェ・フィスカーレという。歴史を調べてみると、導入されたのは1973年だ。

この納税コードは、アルファベットと数字による16文字から成り立っている。構成されている文字を大きく分けると、ひとつめが「氏名」、ふたつめが「生年月日」、そして3つめがチェックディジットの3部分に分けることができる。

頭の3文字は所有者の姓、つまり名字をアルファベット表記したときの最初の子音3文字だ。Toscanini さんだったらTSCとなる。

続く3文字は、下の名前をアルファベットで書いたときの最初の子音3つである Silvia さんだったらSLVというわけだ。

生年月日はまず生年の下2桁から始まる。1980年生まれだったら80となる。次に各月に割り振られたアルファベット1文字、そして日の2桁が続く。そして最後の5桁は、入力間違いを検出するための、いわゆるチェックディジットだ。

生まれたときから納税者

この納税コード、ボクは思い出がある。15年前イタリアに来てまもなく、しばらく住むことに決めていたので電話を引くことにした。まだ携帯電話など円にして10万円近くした頃だから、当然の帰結として固定電話になったのである。

ただし手続きが何もわからないので、大学の学生課に相談し、電話会社に取り次いでもらうことにした。すると学生課のスタッフは「まずは納税コードをとらないと」と言う。

「まだ学生で、納税もしてないのに納税コード？」と思った。だが、それがないとこの国では規則上受けつけられないという。仕方ないので教えられるまま税務署に赴いた。いやはや、イタリアに着いて1週間もたたないうちに税務署とは。

とにもかくにも丸暗記した「コーディチェ・フィスカーレ」という言葉を窓口で告げ、用紙に名前や生年月日などを記入すると、あっと言う間に納税コードが記された紙のカードを発行してくれた。「とかくゆっくりムードのイタリアだが、こと徴税関係となるとこんなに迅速なのか」と笑ってしまったものである。

ついでにいうと、ボクの名前「OYA AKIO」は母音が多くて、先ほど説明した3文字の子音が足りない。そういう場合は母音から抽出したうえ、規則に従い並べ替えて作るので、YOAKAIとなった。続けて読むと「ヨアカイ」だ。なにか「妖怪」みたいで複雑な気持ちになった。

ボクは外国人だったので、そんなわけで自ら税務署に行ったが、本稿執筆を機会に税務署の人に聞いたところ、「イタリア人は出生届けを出した時点で税務当局にデータがまわって、自動的に納税コードが割り振られる仕組み」なんだそうだ。「生まれたときから納税者」というわけである。

ちなみに数年後、ボクの家には紙のカードにかわる銀行カード状のプラスチックカードが送られてきた。さらに数年すると、ICチップ入りカード納税コードが送られてきて現在に至っている。

この最新型は、やはり同様に従来は紙だった「健康保険証」と一元化したもので、「他の欧州連合加盟国でも健康保険証として使える」という。ところがどっこいイタリアでは、「システム上受け付けてくれないお医者さんがいるかもしれない」という過渡期にある。仕方ないので

紙の健康保険証を一緒に持ち歩く、という状態がここ数年続いている。

納税コードに関する思い出は、まだまだある。

2年ほど前、親しいイタリア人からいきなり「誕生日おめでとう！」と電話が。「アレ、あいつにボクの誕生日教えたことないのに」と思って聞けば、「へへへ、納税コードだよ」というではないか。イタリアでは正式な請求書を発行してもらうときは納税コードが必要だ。ずいぶん前に、彼が営む自動車修理工場で請求書を頼んだときに、ボクの納税コードを告げていたのだ。

厳密にいえば「誕生日だって個人情報だから、それなりの扱いをしろよ」と言わなくてはいけないのだろうが、お互いの家族を知っている間柄だし、他の客にそんな面倒なことをやっていないだろうからボクとしては「なかなかヤルな」と舌を巻いた次第である。

納税コードと誕生日といえば、イタリアでは個人商店などの領収書には納税コードの入ったスタンプが押されている。ときどきボクはそれを見て店主の年齢を計算し、「なーんだ、あの店の親父、一見貫禄あるけど、ボクよりひとまわり若いんじゃないか」などとつぶやく。そして次に店に行ったとき「あー、君！」などと態度が急に大きくなる。なんとも浅はかなボクである。

忘れられません、リラ通貨

もう使えないのに1400億円

早いものでイタリアに通貨ユーロが導入されて10年がたった。

いっぽうで旧通貨リラは2002年元日のユーロ導入のあと、ユーロ同様支払いに使えるよう設けられた2カ月間の移行期間ののち、日常生活から完全に姿を消した。さらに日本の日銀にあたるイタリア銀行の窓口が行なう旧通貨リラ→欧州統一通貨ユーロへの交換業務も2012年2月末をもって終了した。

しかしイタリア銀行によると2010年5月31日時点で、ユーロ換算にして13億ユーロ（約1482億円）がまだ市中に残っていた。イタリア銀行はたびたび国民にユーロへの交換を呼びかけてきたにもかかわらず、なぜリラがこんなに残ってしまったのか？

専門家はまず､市中に潜む「闇資金」を指摘した。「ヤバい」資金を以前からリラ紙幣で蓄えておいた場合、ユーロに交換するのは当局に持ち主の出どころを知らせることになるためだ。

同時に一般市民の間で「リラ紙幣は、いつか収集家の間で価値がでるのではないのか？」と考えた人が多かったことも影響したようだ。これに対して専門家は「僅か10年前まで大規模に流通していたリラが、近日価値がでることは到底考えにくい」と冷ややかだ。

ところで2002年のユーロ移行の際、当時のベルルスコーニ政権は全家庭を対象に、「これは私からの小さなプレゼントです」という手紙とともに、換算用ポケット計算機を郵送した。実際はかなりチャチなものだったが、外国人のボクの家にまで届いて驚いたものだった。いわば国をあげて、リラで計算する頭をユーロに切り替えるキャンペーンが行なわれたのだ。

しかしユーロ流通開始から10年が経過した今でも、商店のレジのレシートなどにユーロとともにリラが併記されていたりする。また多くの人、とくにお年寄りは、ちょっと高額商品を買うときに、つい「ええと、リラにするといくらだよな……」と口にする。

理由を尋ねれば、モノの価値感覚が、いまだユーロより掴みやすいのだという。とくに昔買ったクルマや家の話をするときは、完全に「リラ」である。

思えばリラ時代はデザインもイタリア風情に溢れていた。紙幣に刷られていた人物は、

・1万リラ　電池を発明した　アレッサンドロ・ボルタ
・5万リラ　17世紀の画家　ロレンツォ・ベルニーニ
・10万リラ　同じく画家のカラヴァッジョ、だった。

イタリア人がリラ通貨を懐かしむとき、大抵彼らの名前とともに語られる。日本でおじさんが初任給を語るとき「聖徳太子サマを拝んだものヨ」などというのに似た感覚だ。

また、これまでもイタリアでは、ユーロの貨幣価値が下がるたび、「リラに戻そう」という声が国内から上がってきたのも事実だ。ギリシアの金融危機が発生した当初も同じだった。自分

の国でも似たような財政状況になっていることをまだ知らなかったイタリア国民の中からは、「外国の尻拭いをしなければならないのは統一通貨ユーロが原因。イタリア単独でリラに戻ろう」という意見があがった。

コーヒー1杯・札1枚

ボクも1996年にイタリアに住み始めたときは、まだ通貨はリラだった。家主さんに家賃を聞いたら、いきなり「70万」と言われた。実は70万リラは当時の円にして6万円ちょっとだったのだが、日本人としてはとっさにビビった。長年のインフレによって、イタリアリラ時代の末期はやたら桁が多かったのだ。

まあ、逆にいえば日本人のボクにとっては、毎回買いものをするたびに払う桁の多さに恐れおののくため、節約効果もあった。たかが80円のコーヒー1杯にも「1000リラ」の札を出さなければならなかったのだから。いっぽう、教会に行って献金に1000リラ札を入れると、気前よくなった気がした。その証拠に、女房が保存していた当時の家計簿を掘り返してみると、円にしたら80円にもかかわらず、「献金　1000リラ」と誇らしげに記されていた。ちなみに今日、ほぼ1000リラを大まかにユーロ換算すると、ちっぽけな50ユーロセント玉1枚に過ぎない。

歴史を紐解けば、イタリア半島で「リラ」は中世に遡る貨幣単位だった。語源はラテン語で

「秤」を示す「リブラ」から来ている。そう考えると、ユーロ移行への貴重な歴史的瞬間に立ち会ったことになる。これからイタリアに「戦争を知らない子供たち」ならぬ「リラを知らない子供たち」が増えたら、ボクでも「お前ら、リラ時代知ってっか?」と自慢できるのを今から密かに楽しみしている。まあ、ヘンな外国人の親父としてあしらわれる恐れも大だが。

1000リラは約80円の価値でもお札。心理的に財布の紐が固くなったものだ。

「マンマの顔を見に帰る」昼休み

イタリアの調査機関チェンシスが2008年に発表したところによると、イタリア人会社員の平均通勤時間は、1日往復72分（1時間12分）であることが判明した。片道だと36分だ。日本の都市労働者がかけている通勤時間からすると少なめである。

しかしこの調査機関は「72分を年間の労働日数で掛け算すると、丸々33日間を通勤に費やしていることになる」とコメントしている。加えて、「もし通勤時間を1日32分、片道で16分短縮できれば、年間労働時間を15日分減らすことができ、生産性が格段に向上するだろう」とも指摘している。

繰り返しになるが、日本の都市からすると通勤時間は少ない。だがこのニュースは、イタリアの各メディアで大きく採り上げられた。背景には、イタリア社会の変化があるとボクは読んでいる。

ひとつは被雇用者、つまり従業員として家以外で働く人の増加である。イタリアの伝統であった自営業や家内制手工業からの脱却は近年、確実に加速している。

もうひとつは地価高騰である。郊外へ郊外へと住まざるを得なくなり、通勤時間が増えてしまった。

前述の調査と合わせて発表された数字だが、現在イタリアにおける通勤する労働者の数は過去6年でなんと35・8％も増えたという。そうした変化にもかかわらず、公共交通機関の整備が追いつかない。短い区間でも電車・バスは充分な本数が運行されず常に満員だ。外国人から「イタリア名物」と揶揄されるダイヤの遅延やストライキがそれに拍車をかける。

その結果、頼りにならない公共交通機関を諦めてクルマに乗り換える。自家用車を使う人は通勤者全体の70・2％にのぼる。道路の混雑が巻き起こり、これまた通勤時間を長くする。イタリア人は今、通勤地獄という新しい現象と直面しつつあるのだ。

いっぽうボクが住むシエナにおける通勤事情は、まだまだのどかである。昼には職場から一旦家に帰って来る人が多い。

知り合いの30代の若者・ルカもしかりだ。家から車で5分のアルバイト先から毎日、母親がお昼ごはんを作って待つ家に帰って来ていた。

その彼が少し前、こんどは車で片道30分の隣町の会社に、めでたく正社員の職を得た。若年層の失業率が慢性的に高いイタリアでは40歳近くまで安定した仕事に就けないのは珍しくない。これはめでたい。

ところがこのルカ、何を言うかといえば、「通勤時間が増えて大変だ」とボクにこぼすではないか。ボクが「馬鹿言うな。俺なんか東京時代、郊外から滅多に座れない満員電車で片道2時間かけて通ってたんだぜ」と説教しても、まったくもって意に介さない。

そのうえ、相変わらずお昼は母親のもとに帰って来ていることが判明した。

「母親の手を煩わせず、どこかでサンドイッチでもつまんでろ」とまた説教したくなった。

ただ、本人いわく、帰ってくるのは「マンマが喜ぶから」という。肝心の母親に聞いても「一日の途中で我が子の顔を見られるのは嬉しい」そうだ。実際そう言いながらルカの頭を撫でていたりする。

……と、これだけ今日でも家族関係が密な社会である。日本と比べて通勤時間がまだマシでも、その変化を敏感に感じてしまうのに違いない。

息子が成人しても照れずにスキンシップ！

堪忍袋の緒の切り方教えます!

断水、電話不通そして停電

ある年末、シエナの我が家一帯は断水に見舞われた。水道の本管凍結が原因だった。続いて年明けからはこんどは電話が不通に陥った。雨の日が相次ぎ、街中にある電話の中継器に水が入ってしまったらしい。結局直ったのは、週末をまたいだ5日後だった。

そしたら今度は、停電にも見舞われた。雨で送電設備が弱ったのだ。

これらに懲りた女房は、食料、水、ローソクなどを買い込んできた。さっそく停電の日、ローソクをつけて原稿を書いていた。

ボクが「なんかキャンプみたいで、いいね」と言ったら、重いミネラルウォーター1ダースを最上階のウチまで運び込んできた女房にこっぴどく怒られた。イタリア生活は、快適な日本のインフラに慣れた身にはキツいことが多い。

長い行列での過ごし方

知り合いの72歳になるおばあさんの家に、いまだ薪をくべる方式のオーブンがあるのでなぜかと聞けば、「停電になったときでも料理ができるから」だという。さすが、本物のイタリア人は備えが違う。

そんなイタリア人でも我慢できないことがあるのだろうか。その答えはエクマという民間調査機関が2010年に実施した統計をみるとわかる。「イタリア人が耐えられないこと」のランキングである。500人を対象に日頃我慢ならないことを答えてもらい、順位づけしたものだ。ボクの経験をまじえながら結果を紹介しよう。

第4位　自動音声対応　12・4％

携帯電話会社のカスタマー窓口しかり、お役所の相談窓口しかり、たしかにここ数年イタリアでも電話の自動音声対応が多くなった。音声にしたがって電話機のプッシュボタンで選択してゆくのだが、イタリアの場合長いこと「お待たせメロディー」で待たされたあげく、機械の故障か意図的なものかは知らねど勝手に切られてしまうことが多い。結局、店なり窓口なりに自分で行ったほうが早かったりする。

通話料金も日本でいうところのフリーダイヤルは少ない。場合によっては普通の通話より高いダイヤルQ2的なものだったりするから要注意である。

この自動音声応対に関しては、テレビニュースで感想を述べていたイタリア人のなかには「渋滞より腹がたつ」と言っていた人もいた。顔が見えず、怒りのもってゆきようがないためだろう。

第3位　他人の無作法　13・3％

先日も近所のおじさんの話をきけば、同じアパートに住む学生たちが酒に酔って夜遅くまで騒いで困っていたという。そこでおじさんは、学生たちがちょうど家から出てきたとき、窓からバケツで水をかけたらしい。おじさんは相当頭にきていたのだろうが、日頃は奥さんの尻に敷かれている温厚なおじさんだけに、その豹変ぶりを想像すると笑ってしまった。

第2位　交通に関すること　21・3％

イタリア人が我慢できない交通に関することの筆頭は交通渋滞だろう。だが駐車場でもイタリア人はイライラする。みんな1センチでも入口に近いところに停めたがるためだ。だから駐車場内の不思議なところで渋滞が起きていたりする。

公共交通機関も面倒なことが多い。そのひとつがバスの時刻表だ。「平日」「土日」のほかに、「月から金曜」「冬は運休」さらには「学校のある時期だけ」と、運行スケジュールが多岐にわたっている。子供がいない我が家などは、学校の休み期間など、近所の子供がいる家に聞くしかない。

そして輝く**第1位**は……長い行列　23・5％

ボクが思いつくだけでも、銀行、市役所の窓口、保健所、無料ゴミ袋の配布……と、イタリア生活では長い待ちの列に加わることが多い。せっかく順番待ちの番号札発券機が備わって「おっ、大進歩だ」と思っても、次回行くと故障していたりする。

お医者さんも並ぶと思っておいたほうがいい。我が家は具合が悪いとき、ボクか女房か元気なほうが先に行って、順番を待つことにしている。

スーパーマーケットの列も、日本と比べると、並ぶ時間が長い。

ちなみにあるときボクの後ろに、卵だけ持っている女性がいたので、「お先にどうぞ」と譲ってあげたら、相手は「ありがとう」と妙に愛想がいい。

やがてその女性は自分の順番が来ると、レジ前で持参の手提げ袋（日本でいうマイバッグ）から膨大な量の商品を取り出し始めた。イタリアのスーパーのなかには、備え付けのカゴやカートではなく、客が持参した袋を使い商品をレジまで持ってゆくことに寛大な店が多い。精算のさい、袋の中に何も残っていないことが確認できればOKというわけである。それをボクはうっかり忘れていたのだ。

マメな発散がいいみたい

しかしながら、順番待ちの長い列に並んでいるイタリア人を観察していると、いくつかのタイプに分類される。

1・パズル専門の週刊誌の解答をしながら待つ。

2・一緒に連れてきた犬を撫でている。

3・こっちが見知らぬ外国人だというのに、退屈凌ぎにイタリア語で話しかけてくる。そして「お疲れでしょう。大変ですねえ」などと同情するボクに、「ま、ここはイタリアだからな！覚えておけよ」などと言って、笑いとばす。

そして最も愉快なのは、
4・イタリア人同士でも、見知らぬ同士なのに、列の前や後ろの人と平気で話し始めてしまうことだ。

おばあさんたちの場合、はじめのうちは混雑に対する不満をぶつけあっているのだが、よく聞いていると、いつの間にか嫁の悪口から、今夜のおかずまで話している。言っておくが、いまさっき会ったばかりの他人と話しているのだ。

日本とは別のかたちでストレスの多いイタリアだが、こういうマメな発散で凌ぐのがコツなのである。

お肉屋さんの待ち列。思わずあくびも出ますよねえ。

就活は3人に2人が親戚・友達頼み

インターネットを当てにしないワケ

イタリアでは仕事探しをする際、3人に2人以上が、親戚や友達などを頼っている。欧州中央統計局（ユーロスタット）が、EU加盟各国の職探し事情について調査したものだ。

統計によると、イタリアで職さがしをするとき、家族・親戚や友達、もしくは労働組合に頼っていると答えた人は76・9％にのぼった。これは、欧州平均の68・9％を超える数字で、同様に仕事さがしをするとき、「親戚や労働組合に頼る」と答えた人が、ドイツではおよそ40％、フィンランドでは34％に留まったのと対照的である。

いっぽうイタリアで仕事探しに「新聞など印刷媒体やインターネットを頼りにする」と答えた人は、31・4％にとどまった。これは欧州域内で最も少ないレベルの数字であり、ドイツの82・8％ときわめて大きな開きだ。たしかにボクが新聞の求人欄を比べてみても、イタリアの求人欄はドイツのそれと比べるとスペースが明らかに少ない。

イタリアのメディアはこの背景を

・イタリア人は、より人間的なコンタクトを好む傾向にあること

・イタリアは中小企業が多いため、インターネットなどの告知よりも、知己を頼りにするほう

が仕事探しに適しているためと分析している。

加えてボクが思うには、「イタリア人の10人に4人が、いまだインターネットを使ったことがない」という同じ欧州中央統計局の最新統計が背景にあることは明らかだ。また、イタリアのインターネットの情報は、頻繁に更新されているものが少ない。不動産屋さんのサイトひとつとっても、かなりの確率で成約済みだったりする。求人の告知が出ていても、すでに応募を締め切ってしまっているということは想像に難くない。


ついでにイタリア人が家族や友達と同様に頼るという「労働組合」について説明すると、イタリアでは、企業別の組合が中心の日本と違い、産業別組合を横断的に包括する巨大な労働総連合が中心的な役割を果たしている。そうした大きな組合は街中に窓口があり、労働者のためにあらゆる便宜を図っている。就職情報の提供もその一環だ。

しかし何より、多くのイタリア人は家族との時間を大切にできる地元就職を最優先に考える。そうした場合ネットよりも、身近な人の情報のほうが頼れるのは確かであろう。

また、日本では縁故採用の行き過ぎは非難されるが、イタリアの場合、親子が同じ会社に従業員として勤めていることは、その会社が社員を大切にしていることの証、とみなす習慣があるのだ。

このような独特の事情が、この統計に表れたものとボクは考える。

周囲にもワンサカ

ボクの周囲を見回してみても、家族や友人のつてで仕事を見つけた人が大半である。

しかし中には、泣き笑いもある。

ボクの知る土産物店の店員をしている20代の女性エリカ（仮名）は、聞けば店主の兄貴のガールフレンドだったという。そのご縁で、仕事についたというわけだ。

肝心なのはこのエリカは「ガールフレンドだった」、つまりすでに別れているということ。元カノである。それでも、しっかりと勤めは続けている。「仕事は仕事」というわけだ。

いっぽう知人の男性アントニオ（仮名）の例もある。彼は勤めていた自動車販売店が業績不振になり、2年前いきなり解雇されてしまった。50代にさしかかったところで娘も大学卒業前。まさに青天の霹靂だった。

半年ほど職さがしをしたのちやっと見つけたのは、パソコンショップの臨時店員の仕事だった。店は、夫人の実家のお隣さんが営む店だった。

その後しばらくしてふたたび、慣れた自動車関係の職に戻れることになった。聞けば、若い頃の同僚が独立開業した修理工場で、欠員が出たので勤められることになったのだという。要は彼の場合、2度とも家族や友人のおかげで就職できたということだ。

だがアントニオは、これで一件落着とはならなかった。

奥さんいわく「パソコンショップに勤めた3カ月の間に、それまで未知の領域だった世界に興味を抱くようになって」高価なパーツやソフトを買うようになってしまった。奥さんが頭を抱えていたのから想像するに、パソコンショップの店員だったときは、限られた給料の大半を使ってしまったに違いない。

実はアントニオとしても、それなりに夫人に気を使っているらしい。その証拠に、買ってしまった高価な画像処理ソフトを使い、毎晩愛妻の顔写真のシワ・シミを消去してあげているのをボクは知っている。

知人サンドロも、高校を卒業した息子を自分の店で働かせ始めた。

理想の上司はキリスト！

日本では毎年、新入社員などを対象に「理想の上司」と称したアンケートが実施されて盛り上がる。上位の常連にはスポーツ選手やお笑いタレント、そして人気女優がランクインするのが通例である。

実は同じような調査がイタリアでも行なわれたことがある。経営コンサルタント会社『アコールサービス』が２００８年にイタリア人会社員男女２万人を対象に実施したものだ。

日本と違うのは、自分の上司に相応しい人物として「タレント」ではなく「歴史上の人物」を選ばせたことである。結果を見てゆくと、

10位　大英帝国の基礎を築いた　エリザベス１世。これはアンケート実施年に公開された彼女をテーマにした映画の影響らしい。

9位　イタリア半島統一の英雄　ガリバルディ

8位　フランスの国民的英雄　ジャンヌ・ダルク

7位　ナポレオン。ちなみに以前、いわゆるフィギュア製造業者の社長から聞いたことがあるが、ナポレオンの胸像はイタリアでもベスト／ロングセラーという。

6位　ジョンＦ・ケネディ米元大統領

5位　クレオパトラ
4位　ジュリアス・シーザー
そしてトップ3は
3位　キューバ革命に参画したことで有名な革命家　エルネスト・チェ・ゲバラ　9・1%

　イタリアでは、ゲバラの肖像入りTシャツは長年の定番商品である。左派政党や労働組合が強かった土地柄も充分背景にあるが、今やイデオロギーよりファッションとして着用している若者が多い。

2位　インド建国の父　マハトマ・ガンジー　22・2%

　そして堂々の**1位**はイエス・キリスト。回答者の3分の1以上にあたる35%が「理想の上司」として選んだ。

　1位のキリストと2位のガンジーが、チェ・ゲバラやジュリアス・シーザー、ナポレオンをダントツで抜いたのは、イタリアの会社員が上司に「激しさ」よりも「冷静さ」を求めているとボクは見た。また、第1章で記したイタリア式七五三「プリモ・カテキズモ」による聖書教育も否定できないだろう。

　いっぽうこれを伝えたイタリアのテレビは、「10位中女性が出てくるのは5位のクレオパトラ

キリスト像をお護りに描いたトラック。

を含む3人だけであることから、「上司＝男性」の概念がいまだ変わらないことを指摘していた。また戦後政治家がケネディだけであることにも触れ、「人々は政治家にカリスマ性を見いだしていない」とコメントしていた。

ところでボクが知るイタリア人のおじさんは、ある会社の地区支配人になった。お祝いがてら仕事場を訪問すると、築100年以上と思われる建物の中、シャンデリアの広間を与えられていた。女房と肩が触れた触れないでケンカになる我が家からすると、羨ましいかぎりだ。

しかし後日、彼を見ていると、イタリアの上司はかなり大変なことがわかってきた。この国の中小企業では、クリスマスなどの季節の節目に上司から部下全員にプレゼントを贈るのが習慣という。もういちど言うが上司から部下である。部下から上司ではない。具体的にいうと、オリーブオイルや菓子などを籠に詰めたものだ。スーパーで売っているそうしたセットを見ると、円にして一籠5000円は下らない。

さらに3月8日の「女性の日」には黄色いミモザの花を女性社員全員に配るのが慣しだ。この花、最近は気候の温暖化で早咲きになり、適切な時期になかなか手に入らないから、年によっては探すのが大変だ。

今日イタリアで理想の上司になるのは、キリストやガンジー以上に（？）気配りが求められるのである。

インフルエンザ注射は自分で買って、自分で打て!!

病院で「手洗い手当て」

ミラノの公立病院で特別なボーナスが支給された。何のボーナスかというと「手洗いを励行、つまり積極的に行なった看護師」に対するものだった。2009年暮れのことだ。

洗面台付近に取り付けたビデオカメラで、新生児用集中治療室で働く看護師70人を1年間にわたり記録。手洗いを励行した看護師を割り出して、1名あたり3000ユーロ（33万円）を年末に上乗せした、というものである。

病院によると、「成果として、この1年間で感染症にかかる新生児が10％から7％に減少した」という。

ボクがこのニュースを聞いて感じたのと同様、イタリア国内でも「ボーナス云々以前に、手洗いは医療関係者の基本だろうが！」という議論が巻き起こった。だがウィルス感染予防に手洗いの重要性を人々に知らしめる効果があったことはたしかだった。

お医者さんのお土産は「注射」

しかしながらイタリアに来て驚いてしまったことのひとつに「インフルエンザの予防接種」

がある。

　毎年冬、イタリアではテレビニュースで「今年もインフルエンザの予防接種が〝発売〟されました」と報じられる。それに合わせて薬局の扉には、「舞う落ち葉」といった寒さを誘うイラストとともに「予防接種あります」といった貼り紙が貼られる。そう、予防注射のワクチンを薬局で売っているのである。ちなみにイタリア語で、ワクチンのことは「バッチーノ vaccino」という。衛生的でもバッチーノ、なんちゃって。

　イタリアではお年寄りと子供には、インフルエンザ予防接種が保健所で毎年無料で行なわれる。ワクチンを買うのはそれ以外の人だ。希望者はまず、イタリアに住む人なら誰でも決めなければならない「かかりつけ医」のところに行って処方箋をもらう。

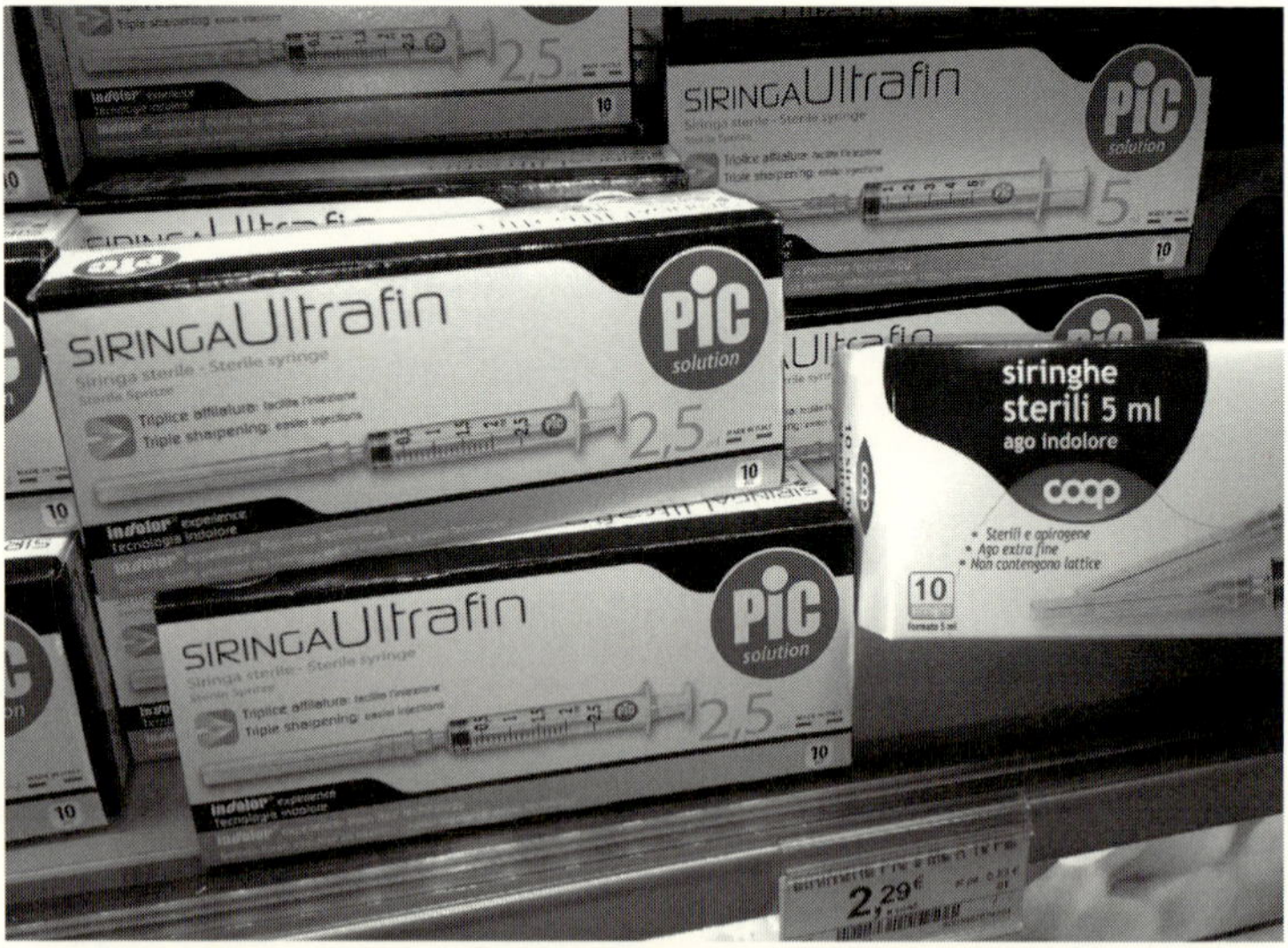

スーパーで売られている注射器。箱には針の細さがアピールされているが……。

それをどこでもいいから薬局に持参し、薬剤師さんからワクチン入り注射器を買う。値段は1本14ユーロ（およそ1500円）である。

接種はかかりつけ医のところに再び行く人、知り合いの看護師さんにお願いする人、とさまざまだ。

それどころか、本稿を書くにあたり行きつけの薬局のおじさんに聞いたら、「もちろん自分でやってもいいんだよ」と教えてくれた。実際、知り合いの70歳になる元サッカー選手のおじさんは「俺なんか、昔から毎年冬に自分でやってるぜ」と、腕まくりをして注射を打つ真似をしながら得意げに答えてくれた。

そうかと思えば、以前我が家に知り合いのお医者さんがクリスマスに遊びにやってきたついでに、「これ使いなさい」と言って袋を置いていこうとする。何かと思って覗いたら、注射器が入った箱だった。

自分で買える薬剤があったら、これに入れて、かかりつけ医に打ってもらうか、自分で打ちなさいというわけだった。お歳暮というわけではないのだろうが〝手土産に注射器〟とは、たまげた。なお、イタリアで注射器はスーパーなどで歯磨きの横に並んでいたりする。

イタリア版消毒液に注意せよ

かくも注射が日本以上に普及しているイタリアであるが、マスクはほとんど普及していないし、着用する習慣がない。商店の棚で珍しく見かけても、日曜大工を厭わないマメなおじさんが多いことを反映して塗装作業用だったりする。

ボクが住むシエナには冬の期間、日本からマスクをした観光客の人たちがたくさんやってくるが、街の人たちにとっては珍しいらしく、何年たっても「なぜみんなマスクしてるんだ」と質問されて答えに窮する。

同様にインフルエンザの流行する季節、文化の違いを感じるのは「ハンカチ」である。イタリアの人にとって、ハンカチは鼻をかむ道具である。老いも若きも、人前で大きな音とともに「チーン!」とかむが、別に失礼にあたることはない。使用したハンカチはすぐにポケットに仕舞う。

だから逆に、イタリアに来てすぐのこと、食べるときハンカチを膝の上に広げたらえらく驚かれたものだ。同時に日本旅行経験のあるイタリア人は、東京のデパートの1階で見たハンカチ売り場の華やかさを、友達にとくとくと語って聞かせる。なかには、日本のかわいいハンカチが大層気に入って「お金預けるから、日本で買ってきて」と、ボクに頼むイタリア人もいたりする。

ウィルス対策に話を戻せば、「新型インフルエンザ」の流行をきっかけに、イタリアでもポケットサイズのジェル状アルコール消毒液が売られるようになった。薬局、スーパーのほか、日本のコンビニに近い機能を果たしているタバコ屋さんなどでも、レジの脇に置いてあったりして気軽に買える。

ところがある日、そのイタリア版消毒ジェルを誤ってズボンの上に落としてしまった。すると、そこだけズボンの色がたちまち落ちてしまった。イタリア版消毒ジェルが強力なのか、それともボクの履いているズボンが安物ということなのか。いずれにしても泣けてきた。そして悔しさまぎれに、消毒ジェルをズボン全体に振りかけて脱色しようと思ったボクだった。

ニックネームで死亡広告

いやはや、イタリアに住んで知り合いが多くなるのにしたがい、葬式に参加する機会も増えた。加えて我が家の向かいには教会があるので、さらに葬儀に詳しくなってしまった。

イタリアで葬儀の日時を知るには、親族や友人が教えてくれる以外に、街中の掲示板に名前入り死亡広告が張り出されるので、それを見て行くという方法がある。

死亡広告は、葬儀屋さんが印刷から張り出す手配まですべて代行してくれる。葬儀屋さんによっては、聖母マリアやキリストの絵が入っていたり、亡くなった人の写真入りポスターも選べる。ニックネームで死亡広告を出す家族もある。イタリアで友達同士は日頃ニックネームで呼び合っていて、本名をきちんと知らない人も多いからだ。

葬儀の場所は一般的に教会である。家で執り行なう習慣はない。お通夜などもない。ボクが住むトスカーナの場合、参列する人は平服である。お香典のような習慣はないかわりに花を持参する。

葬儀のミサは開始までやたら待たされるが、始まると毎日曜のミサよりも簡略で15分くらいで終わってしまう。

しかし日本人が驚くのは何といっても出棺だ。功労のあった人、殉職した人などの場合には、なんと拍手が巻き起こる。「ロベルトーっ」などと、故人の名前を高らかに叫ぶ参列者もいる。葬儀屋さんは、一般的に民間の業者のほかに、キリスト教慈善団体が行なっている場合もある。

さて、気になる葬儀屋さんのお値段だが、調べてみると霊柩車、お棺、市役所への死亡届代行、それにまつわる印紙代、そしてスタッフ代の合計で円にして13万円から17万円といったところだ。最近は景気減速の影響を受けて、イタリアでも新聞やインターネットなどで低価格を謳うところが現れるようになった。そうした業者のひとつは「明朗料金790ユーロ（約11万円）」とアピールしていた。日本より安いのは、やはり食事の振る舞いやお香典返しがないためだろう。

葬儀に話を戻そう。近年火葬に関心をもつ人は徐々に増えているものの、依然として主流は土葬である。教会から運び出されたお棺は霊柩車に載せ、埋葬するため市営もしくはキリスト教慈善団体の墓地に向かう。故人とそれほど親しくなかった人はそこで帰るが、家族や友人は霊柩車のあとに各自の自家用車でついてゆく。

お墓の表面には、亡くなった人の写真が特殊加工されて貼り付けられている。そのためボクなどは、墓に行ったついでに、「あっ、あの人、亡くなってたのか」と驚くこともある。

壁面式であれ地中式であれ、お墓に埋葬したところで、みなさん解散である。

ところでイタリアの霊柩車は、大きなガラス張りだ。参列者が持ってきたお花を、溢れんばかりに中に載せて走る。載り切らない花は屋根の上に載せることもある。

街の人も亡くなった人にお別れをし、亡くなった人も街を最後に眺めながら墓地に向かう。ボク個人的には日本の霊柩車よりも好きで、今から乗車予約しておきたいくらいだ。

しかしながら、アウトストラーダ（高速道路）でそうした霊柩車は、ベースがドイツ製高級車だけあって結構速い。ボクのクルマを「遅えぞッ」といわんばかりに追い越してゆく。ボクが制限速度の時速１３０㎞で走っているところを抜いてゆくのだから、それ以上のスピードを出していることになる。

さすがにアウトストラーダではルーフに花を載せていないが、後部にはちゃんとお棺を載せているのが前述の巨大ガラス窓を通してわかる。そうした「ハイスピード霊柩車」に追い抜かれるたび、屋根についた十字架が飛んできそうでビクビクしているボクである。

アウトストラーダで追い抜かれざま、お棺を見せつけられることもたびたび。

ネコ男のいる自動車ディーラー

水の都ヴェネツィアから50㎞ほど南下したところに、キオッジャという町がある。こちらも運河が町の各所を通っていて、小ヴェネツィアのような風情あるところだ。

実はこのキオッジャの町、長年の悩みがあった。同じ苗字の住民、さらには同姓同名の住民が多すぎることだった。人口約5万人のうち約4割にあたる2万人の姓が、「ボスコロ」さんか「ティオッツォ」さんのどちらかだったのだ。

そのうえイタリア人のファーストネームは、キリスト教の聖人にあやかったものが一般的である。したがって同姓同名の人があまりにも多すぎて、行政サービスに支障をきたしていた。とくにすべてをデータ処理せざるを得ない電子化にともない、その問題はさらに深刻になっていった。

そこで町は、2008年から「公的な文書にニックネームを用いてもよい」という条例づくりに動きだし、翌2009年施行に漕ぎつけた。以来、身分証明書や運転免許証の申請にも、ニックネームの付記が許されることになった。仮にマリア・ボスコロさんという女性が自分のニックネームは「モニカ・ベルッチ」であると主張すれば、マリア・モニカ・ベルッチ・ボスコロと免許証にも書いてよいわけである。ちなみにキオッジャでは条例施行前から人気俳優の名前をニックネームにしている人が多かったという。

前項のお葬式のところでもちょっと記したが、イタリアでは「ニックネーム」がよく使われている。たとえばボクが知るお年寄りは、妻楊枝を示す「ステッキーノ」と、近所や知り合いから呼ばれている。ずばり、いつも楊枝をくわえて歩いているからだ。

自動車販売店に勤める知人フランコは、小さなゴムの塊を示す「ゴンミーノ」というニックネームがある。若い頃からぽっちゃり顔だったので、そう呼ばれるようになったらしい。同じ職場には、彼と同じフランコという人が他にも働いている。また本人によると、「市内には俺と同姓同名が少なくとも

「我が輩は猫である」ガット氏（右）。ボクの手帳に名前（本名）はまだない。

5名いることを電話帳で確認している」というからゴンミーノのほうが便利なのだろう。

　イタリアでは姓ではなく、ファーストネームだけで呼び合うことが多い。同僚でも正確な名字を知らないこともよくある。ニックネームはそれなりに便利で、「ゴム男のフランコいますか？」と言って訪ねたほうが、手っとり早いのだ。

　いっぽうボクの知るフィアット販売店には「ガット（gatto＝ネコ）」というニックネームをもつおじさんがいて、全員から客の前であろうと「ネコ、ネコ」と呼ばれている。

　一応ボクが本名を聞こうとしても、ご本人は「俺を呼ぶときは『ネコ』でいい。心配するな」と言う。

　なぜ「ネコ」になったかは聞き忘れたが、これがもし日本の会社だったら「ネコさんと3時にお約束している大矢と申します」などと告げなければならないわけで、笑わずにいられる勇気はない。

第3章 食卓のシアワセ

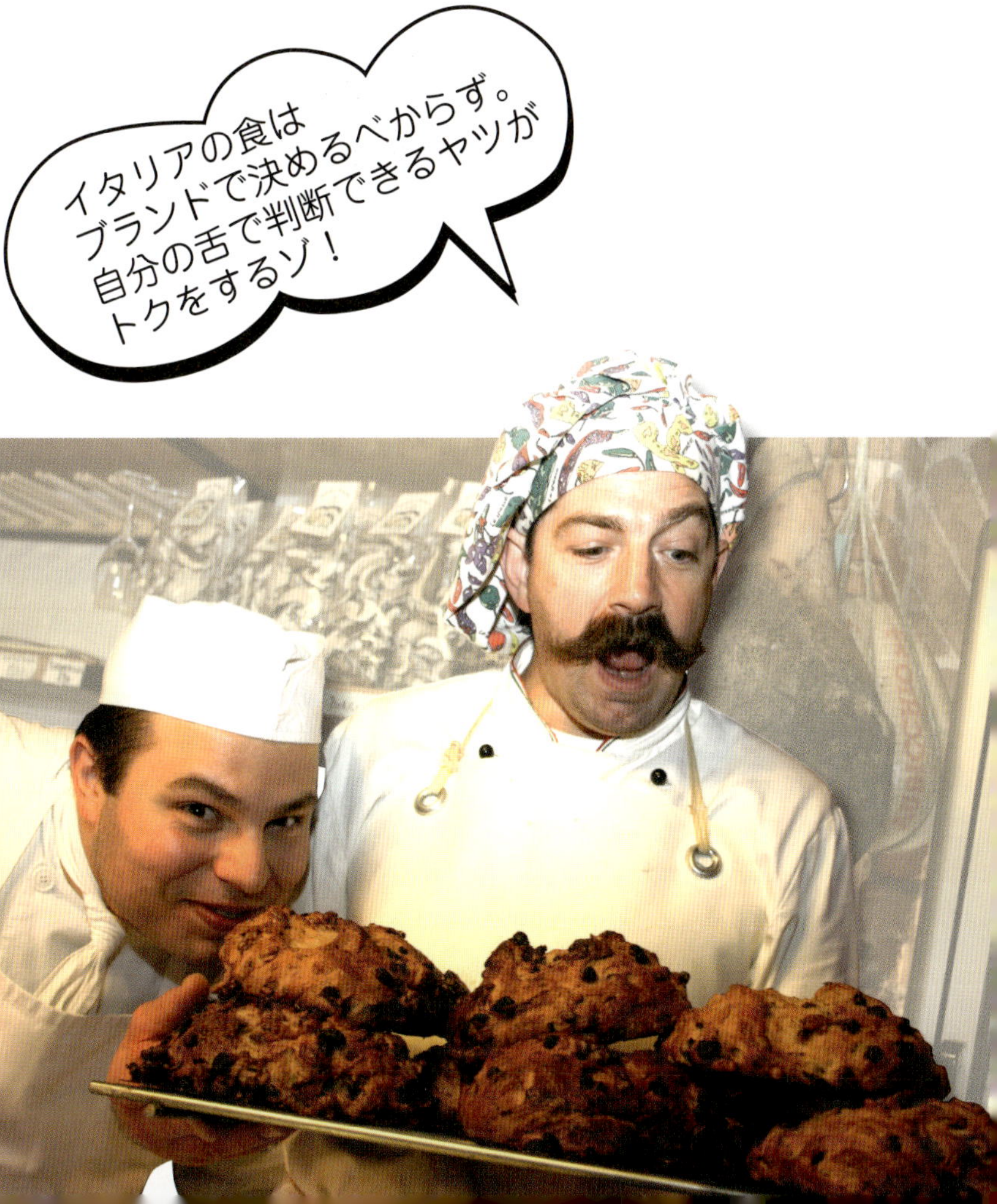
イタリアの食は
ブランドで決めるべからず。
自分の舌で判断できるヤツが
トクをするゾ！

大矢アキオの横丁スナップ　食卓篇

↑ピッツェリアを切り盛りするアシュラフさんはヨルダン人（P.93）

↑モデナの伝統的バルサミコ酢。瓶はジウジアーロのデザイン（P.97）

↑ラム酒やレモンリキュールをふんだんに吸い込ませた菓子「ババ」（P.108）

↑ランブルスコ・ワインには、豚の足に詰め物をした「ザンポーネ（写真）」や、豚肉の腸詰め「コテキーノ」がよく合う（P.97）

↑リキュール入りチョコレート「モンシェリ」（P.108）

↑ランブルスコと一緒に食べたいパスタといえば、トルテッリーニ（P.97）

イタリア人がパンを食べなくなっている！

100年前の8分の1

　イタリア人が年々パンを食べなくなっている。イタリア中央統計局の２０１１年調査によると、20世紀初頭の１９０９年には一日一人あたり１kgのパンを食べていたという。それが現在では１２０ｇにまで減少している。つまり約１００年間で、なんと8分の１以下にまで落ち込んでしまったのである。消費量が減った背景には、
・過去１００年間で生活スタイルが劇的に変わったこと
・社会が豊かになるにつれメインとなる料理（主菜）や、おかず（副食）が豊かになり、パンを多く採らなくなくてもよくなった、というわけだ。加えて少子高齢化もパンの消費量低下に拍車をかけている。
　そんな逆境のパンだが、いまだ全家庭の約半分にあたる48・5％の家が、昔ながらのパン屋さんで買っている。もはやイタリア人家庭の69・4％は、食料品はスーパーマーケットで調達している（同じくイタリア中央統計局調査）にもかかわらず、である。イタリア人にとってパンは日本人のご飯のようなもの。味にはそれなりのこだわりがあることを無言のうちに証明している。

だが後継者不足は深刻な問題だ。イタリアで「パニフィチョ」といわれるパン工房は、世界各国のパン屋さん同様、朝はとても早い。ボクが知るパン工房で働くルカ君も毎朝4時起きである。たとえ冬でも勤務時間が変わらない。

パン工房は日曜も開けているところが多い。またイースターやクリスマスにお菓子をつくるパン屋さんも多いので、なかなか休めない。したがって、たとえ若者の失業率が2割を超えるイタリアでも、パン職人はいつも不足している。

ルカ君の工房の場合店はないが、病院や刑務所のパンを作っているので休みなしである。だから毎年クリスマスパーティーには早朝からの仕事を終え、少し仮眠してから遅れてやってくる。幸いみんな彼の仕事を知っているうえ、工房で作ったクリスマス用パン菓子を手土産にぶら下げてくるので、遅刻を許してあげるのが恒例だ。

カキ氷にパン？

少々深刻な話が続いてしまったので、ここからはイタリア旅行をする読者にぜひオススメの変り種パンを紹介しよう。

ひとつめは、「パン屋さんのピッツァ」である。イタリアのピッツァは薄くてパリパリしているることで有名だが、パン屋さんのピッツァはパンの製法を基本に作るので、フワフワしている。上に盛られたトマトやチーズとの相性も意外によい。

また店に置いておくことを前提に作られているので、少々時間がたってからでもおいしいのもありがたい。このパン屋さんのピッツァ、正真正銘のピッツェリアのピッツァとはまったく別のものとして考えるとイケる。

もうひとつボク自身が驚いたのは、南部シチリア島の最西端トラパニを訪れたときのことだ。カキ氷を頼んだら、なんと皿に載ったパンが勝手に付いてきた。中に「あん」こそ入っていないが、日本の「あんぱん」のような形状のパンである。

「こんなもの頼んでいないヨ」と抗議すると、そばにいた地元のおじさんが「それはな、セットで付いてくるものなんだぜ」と教えてくれた。

見ればそのおじさんのカキ氷の横にもパンが添えられている。要は「カキ氷が口の中で冷たすぎたときに、パンを食べなさい」ということだったのだ。

ただし、同じイタリアでも他の地域でカキ氷と一緒に食べているのをボク個人が知るかぎり見たことがないところからして、シチリア以外で冷たいものを食べるとき、パンを注文してもムリであろう。

シチリアの「パン付きかき氷」。

パン屋通いはおじいちゃんのシゴト

繰り返しになるが、イタリア人にとって一般的なパンは日本人のご飯のような存在である。唯一違うのは「パンはすぐに固くなってしまう」ということだ。したがって、毎日買ったほうがいい。またまたイタリア中央統計局の調査を参照すると、「56％の家庭が毎日パンを買っている」という。

高齢者家庭を観察していると、毎朝パンを買いに行くのは「おじいちゃんの役目」という家が多い。午前の散歩に町の広場に出てゆき、そこで待っている昔からの仲間とおしゃべりを楽しむのがイタリアのおじいちゃんだ。その帰りがけに、行きつけのパン屋さんで今日食べるぶんのパンを買って帰る。するとちょうどおばあちゃんの料理ができていて、お昼ご飯が始まる、といった段取りなのである。

「オレがパンを買ってくるから」というのは、おじいちゃんが外をぶらつかせてもらうための口実でもある。

ボクもときおり「ちょっとパン買ってくるからさ」と言って仕事放棄を試みるのだが、悲しいかな女房は日本人である。「今日のお昼は和食だから、パンなんか要らないわヨ」と言われて終わることたびたびだ。

衝撃！スローな国で早食いが増えている

「家庭で食事」が消えてゆく

外国人にとってイタリアといえば、家族でわいわい食事をしているイメージがいまだ強い。

実際15年前、シエナに住み始めた頃、銀行に勤めている隣のおじさんが毎日昼になると一旦帰ってきた。そしてクリーニング店を営む奥さんや、学校から帰ってきた小学生の息子さんと一緒にお昼ごはんを食べていたものだ。食事が終わると、夫婦でまた別々の職場へと戻って行った。そうした光景を見て、「ああ、生活のリズムにゆとりがあっていいなあ」と思い、イタリアにいることを実感したものである。

しかし、そんな風景も少しずつ変わっているらしい。イタリア人が「早食いになっている」というのだ。イタリアの有名食品会社『バリッラ』が世界的なコンサルタント機関などとともに２０１０年に行なった調査の結果である。

それによると、イタリア国内で１日に消費される食事の数はおよそ１億５００万食におよぶが、今やその24％、およそ４分の１は外食によって占められているという。

日本からすると、「たった24％か」といった印象をもつ方も多いと思うが、冒頭のような家庭で食事をするスタイルを誇ってきたイタリア人にとって、この数字は衝撃的だったようだ。

食べる場所で最も多いのはレストランやピッツェリア（ピッツァ屋さん）、次に社員食堂だが、今や「パンなどを買ってきてオフィスで食べてしまう」という人も3％いることが判明した。

その外食のうち67％はお昼ごはんが占めている。しかし、その「昼をとる時間帯が不安定」という人は増加しているそうだ。具体的には、イタリアにおける標準的な昼ごはんタイムである。昼1時から2時の間に食べられる人は、今や僅か30％に過ぎないという。

短くなる食事時間

調査では、食事にかける時間についても調べており、イタリア人の食事時間が短くなっていることがわかった。

今や73％ものイタリア人が家でも外でも30

分以内に食事を済ませ、なかでも25％の人は「20分以内で済ませてしまう」という。食べるスタイルも変化している。外食の場合は14％の人が立食で済ませる。また「座って食べるが、テーブルを前にしてではない（＝公園のベンチなど）」という人も15％に及んだ。

イタリアのメディアは「イタリア国民の食事スタイルが家庭内から外食志向へ、かける時間もより短く変化し、家族でゆったり時間をかけて食べるモードは、明らかに過去のものとなりつつある」と報じた。

「あの習慣」だけは永久に不滅です？

……と、簡略化が進むイタリア食文化であるが、いまだイタリアの大学の学生食堂や企業の社員食堂を訪問すると、きちんと守られていることがある。

前菜、第一の皿のパスタ類、第二の皿の肉ｏｒ魚料理、そのあとの果物＆ケーキと、伝統的フルコースが食べられるようになっていることだ。大抵ワインも取れるようになっている。

ちなみにこうした学食や社食、日本人のボクにとってありがたいことがある。

一般家庭では、前菜を食べ終わらないと第一の皿が登場せず、第一の皿を食べ終わらないと第二の皿が出てこない。これがボクは15年もイタリアに住んでいるのに結構ツライ。ごはん―おかず間の相互乗り入れに慣れている日本人ゆえだろう。

できればパスタを食べてから前菜の生ハムをつついたり、肉をちょいとかじってからパスタに戻りたい心情にさいなまれることはたびたびある。

そうしたことが学食や社食ではセルフサービスゆえ、ひとつの盆にすべての皿を載るので、できるのである。

ただし同席するイタリア人がいるとき、彼らがそうした食べ方を誰ひとり行なわないので、どうも肩身が狭い。

その習慣には、さらに苦しめられるときがある。

イタリア人を我が家に招いて食事をすると、彼らから必ず「これは第いくつの皿か？」と聞かれるのだ。和食ひとつひとつに「第一の皿」「第二の皿」と定義づけなくてはいけないのは、日頃意識していないだけに簡単でない作業だ。イタリアのマクドナルドでハンバーガーを「パニーニ」と言われると一瞬複雑な気持ちになるのと同様、テーブル上に一気に並べた寿司や天ぷらに彼らが「プリモ」とか「セコンド」とかを指定した途端、味まで変わってしまいそうになる。

たとえ早食いになっても、イタリアの「第◯の皿」文化はまだまだ消えそうにない。

水道からスパークリング・ウォーター！

インパクト狙いだけじゃない

イタリアのレストランで基本的に水は有料である。隣国フランスの食堂では、水差しに入った水が無料で頼めるだけに悔しい。

瓶に入ったミネラルウォーターを注文すると、ウェイターから「ガス入り（ガッサータ）にしますか、ガスなし（ナトゥラーレ）にしますか？」と聞かれる。ガス入りとは、ミネラルウォーターに炭酸を加えたスパークリング・ウォーターだ。ほとんどの場合特別な味は付けられていないが、その爽やかな飲み味はコッテリしたイタリア料理とバランスがとれる。空気が乾燥していることも、ガス入り水のうまさを引きたてる。

「ガス入り水」は、商店でもたくさん売られている。その種類はフランスを明らかに上回る。気になるお値段だが、スーパーマーケットでペットボトルなら1・5リッターで円にして35円くらい。レストランのテーブルでガラス瓶のものを注文すると300～400円だ。

我が街シエナのガス入り水供給コーナー。

ところが2010年秋、そのガス入り水が無料つまりタダで好きなだけ出てくる蛇口がお目見えした。ボクが住むシエナと同じトスカーナ州のフィレンツェにある生活共同組合の店舗内だ。蛇口の背後にある機械で水道水に炭酸を混ぜて出す仕掛けだが、来店者は持参したペットボトルやコップで自由にガス入り水を飲める。生活共同組合と地元の水供給会社の共同プロジェクトである。

しかし、単なる客寄せを狙ったものではない。目的は「水道水を人々に見直してもらうこと」だ。イタリアの水道水は伝統的に硬度が高い（カルシウムやマグネシウムが多い）ため、人によって好き嫌いを引き起こしてきた。そのため、硬度が調節された市販のミネラルウォーターを飲む人が増えた。結果としてイタリアはガス入り・ガスなしを合わせて、市販の瓶入りミネラルウォーター消費ランキングで、アラブ首長国連邦、メキシコに次ぐ世界3位の消費国になってしまった。イタリア人1人あたりにすると、なんと年間195リットルもの水を店頭で買っていることになるという。

そうした現状に対して「水道水の質がイタリア全国で改善されていることや、水道水なら日本円にして1リットル僅か約5銭」であることをアピールし、水道水に戻ってもらい、かつ家計改善に役立ててもらうのが、このガス入り水道の狙いだった。

もうひとつの目的は、環境保護だ。イタリア国内でビン入りミネラルウォーターを運ぶトラックの数は延べにして年間48万台に及ぶ。そのトラックを繋げると、8000㎞になり、ローマーモスクワ間往復に相当するという。二酸化炭素削減など環境負荷を減らすためにも水道水を飲もうというわけである。

ペットボトルの削減にも貢献できる。今回のスーパーに設置されたものより先に、ある公園に先行的に設置された同様のものでは、月間10〜12万本のボトル節約に繋がるという（以上、データは生活共同組合ウニコープ・フィレンツェの資料より）。

ボクの住むシエナでも、普通の飲料水はタダ、炭酸水も格安で汲めるコーナーが、公共駐車場の隅に設置された。

「井戸端会議」は生きていた！

水にまつわる話を少々。水道といえば10年ほど前、市街からちょっと離れたところに住んでいたとき、近所に古い湧き水があって、昔から使われているレンガで作ったプールのような水槽が高さを違えて3つ並んでいた。

近所のお年寄りの説明によれば、その昔はいちばん水の出口に近い高いところは人の飲み水用、そこから溢れる水が流れてゆくもう一段下は家畜用、そしてさらに水が流れてゆくいちばん下の水槽は、洗濯をするときに使ったそうだ。

今日の厳しい基準では、飲み水用には適さないらしいが、それでも近所の人たちは、洗濯はいちばん下を使うことを守っていた。ボクがクルマを洗っていたときも、「ウチの動物に飲ませる水だから、洗剤のついたスポンジのすすぎは、いちばん下の水槽でな」と、教えられたものだ。ほかにも、我が家では、家で洗い切れない大きなものを持っていって洗ったり、庭の花にあげる水を汲みに行ったりと、重宝した。

ある日、水を汲みに行った女房がなかなか帰ってこないので心配して見に行くと、近所のおばあさんたちと一緒に、長々と話し込んでいた。まさに井戸端会議というやつである。湧き水は、現代でも近所の人の交流の場でもあった。

いっぽう10年前から住んでいる市街地の家はもはや庭もなく、近所に湧き水もない。かわりにお隣の一家は、毎年夏休みに行くたび、日頃共用部分に置いて育てている植木鉢の水やりをウチに頼んで出かけていってしまう。

それでも何年めかに、さすがにただ置いてゆくだけでは、悪いと思ったのだろう、ペットボトル数本に、水を入れて置いて行ってくれるようになった。さらに、「ローズマリーやセイジの植木鉢から、料理に必要なとき摘んで使ってもいいわよ」とも言ってくれた。これはありがたい、ということで、その日以来使わせていただくことにした。

しかし、お隣さんの夏休みは3週間くらいと長い。気がつけば彼らが帰る頃には、どの植木鉢も、我が家が料理に使いすぎて葉っぱがなくなってしまっていた。いくら水をあげても、もはや彼らの帰りには間に合わなかった。

そのためだろうか、翌年からは食べられない観葉植物ばかり預けられるようになった。

レストランを開く外国人にイタリア語試験

チャイナタウンの決断

花の都フィレンツェから40㎞ほど北西に行ったところに「プラト」という街がある。

そのプラトで2010年春から、市内で外国人がレストランやバールなど飲食店を開業する場合、経営者にイタリア語試験を義務づけた。

対象は新規開店にとどまらない。元イタリア人経営の店を外国人が買い取って引き継ぐ場合、つまり「居抜き」で店を入手する際も適用される。ただし、イタリアの公立学校を卒業している外国人は免除される。「保健所や警察当局の指導を理解し遵守するのと同時に、社会に融和するためにイタリア語は必要」というのが市当局の説明だ。

プラトは数世紀にわたり繊維産業で栄えてきたが、近年はヨーロッパ屈指の外国人居住者比率が高い街となっている。全人口18万人のうち6分の1にあたる3万人が、中国系の人たちである。地元ショッピングセンターのチラシ広告も中国語で刷られているほどだ。イタリア語試験導入は、「外国人増加に対する婉曲な阻止行動である」と批判する声もでたが、イタリア国内ではおおむね肯定的に捉えられた。

ボクの周りにも

食の話から一旦離れるが、イタリア中央統計局の2010年データによると、現在イタリアには430万人の正規滞在外国人がいる。前年比で38万8000人の増加だ。もはやイタリア全人口の7・1％を占め、14人に1人は外国人ということになる。中央統計局の分析によれば、人口低下や出生率低下も外国人によって食い止められているかたちという。国籍別ではルーマニア、アルバニア、モロッコの順だ。

外国人の増加に伴い、ミラノなど大都市では他国籍同士の抗争が頻発し社会問題となっている。いっぽうボクが住むシエナでは、目下のところ幸いそうした問題は表面化していない。それよりも、一生懸命働いている外国人を多く目にする。

イタリア語超堪能・ヨルダン人アシュラフさん（右）のピッツェリア。

造園・園芸センターではモロッコ人従業員のおじさんが働いていて、ウチの花が元気がないのを見て、肥料を持ってきてくれたことがある。ガソリンスタンドで働くサントドミンゴ人のお兄さんは毎朝7時から働いている。にもかかわらずイタリア人以上に愛想がいい。

日本の100円ショップにあたる「99セントショップ」を切り盛りしているのはアルバニア人のおじさんである。祖国では機械エンジニアだったそうだが一念発起してイタリアに来て、ボクが通っていたのと同じ国立外国人大学に通ってから店を始めた。イタリア人のような大きなバカンスもとらず、いつもこつこつ働いている。景気後退で他の店がふるわないなか、おじさんの店はいつもお客さんでいっぱいだ。

出世頭はルーマニア人の左官屋さんである。10年前、イタリアに来たばかりのときは、わが家の上の小さな部屋に住んでいた。しかし少し前に合うと、いまや独立して自分の会社をもち、故郷から家族を呼び寄せて郊外の大きな家に引っ越していた。

日本食品店の栄枯盛衰にヒヤヒヤ

外国人経営といえば、食料品店というのもある。

ボクが住むシエナでは、ミラノ・ローマなど大都市と違って日本の食材を調達するのは難しい。以前は地元のイタリア人と結婚したタイ人のおばちゃんが小さなアジア食料品店を開いていた。ところが息子が大学を無事卒業して巣立ったのをきっかけに、突然パタリと店じまいしてしまった。「ウチの日本食はどうなるんだヨ！」と絶叫したかったが、いた仕方ない。

1年半くらいのブランクを経て、こんどは冒頭のプラトからやってきたという中国系の人がアジア食料品を開いた。近年のエスニック・フードの流行で、イタリア人まで「スーシ（寿司）を造りたい」「テンプーラ（天ぷら）をやってみたい」などと日本食材を買いに来る。

そうした場に出くわすと、なぜかウチの女房がお店の人に頼まれて、どうやって料理するか説明していたりする。ほとんど従業員気取りである。

それはともかくこの店のお兄さん、なかなか気が利いていて、ボクたち夫婦に「店に無い日本食があったら、袋やパッケージをデジタルカメラで撮っておいてくれれば、大きな町の問屋に行ったとき探してくるよ」などと言ってくれる。

ところがある日、我が家のしょうゆが切れたので、ふたたびその店に行ってみると、なんと店が閉まっている。ああ、やっぱり経営的にダメだったか。

うなだれて歩いていると、数百メートル先に中国系の雑貨店が新しくできていた。「雑貨店ができても、しょうゆは帰ってこないぜ」と呟いていると、中から「チャーオ！」という声がした。

のぞくと、例の食料品店をやっていた中国のお兄さんだった。より広い店舗を求めて引越しをし、扱い品目を増やしたのだという。中ではちゃんと従来どおり、食料品も売っていた。

思わずボクが溜飲を下げたことはいうまでもない。

エンツォもフェルッチョも酔った味

その瓶、捨てるな

クルマ好きならご存知のように、モデナとはフェラーリの創業者エンツォ・フェラーリの故郷である。かつて戦後フォーミュラ・ジュニア界で暴れまくったスタンゲリーニ、『パンテーラ』で一世を風靡したデ・トマーゾもモデナを本拠としていた。現在も県内ではフェラーリ、マセラーティ、そしてパガーニがスーパースポーツカーを造り続けている。

そうした土地柄を反映して、クルマにまつわる「食」の話題は少なくない。

たとえばモデナ県マラネッロのフェラーリ本社前にあるリストランテ『カヴァリーノ』だ。フェラーリ・ファンの間では、つとに知られた店である。

店内は歴代フェラーリF1パイロットのサイン入りヘルメットやグッズで溢れている。狭い料理屋でサランラップに包まれて油まみれになった芸能人の「○○軒さん江」色紙とは違って、それらは美しくディスプレイされている。なぜなら、1984年に現在のレストラン会社に経営が移管されるまで、そのレストランはエンツォ・フェラーリのものだったからだ。いわば〝元オフィシャル〟なのである。

日本でもかつて「達人」系番組のおかげで一躍有名になったバルサミコ酢でも、モデナは隣町レッジョ・エミーリアと並んで名産地である。バルサミコは、ぶどうの果汁を煮詰めて作る。中でも『トラディツィオナーレ』と呼ばれる伝統的手法で作られた高級品は、厳密で安定した製法・品質管理を誇るべく、各メーカーとも同じデザインの瓶に入れられて販売されている。

そのトラディツィオナーレの瓶は「世紀のカーデザイナー」といわれるジョルジェット・ジウジアーロの作だ。78ページに写真があるが、シンプルかつ質感溢れるフォルムは、彼が手がけた初代フォルクスワーゲン・ゴルフに通じるものがある。したがって、奥さん用のお土産として買って行くのにもいいが、使用後うっかり瓶を不燃物収集日に捨てられないよう説明しておくべきだ。

ランブルスコでミッレミリア

しかしながら、モデナの食とクルマを語るとき、忘れていけないのはランブルスコだろう。Lambruscoとは同名のぶどうから作る赤ワインだ。モデナを含むエミリア・ロマーニャ州の名産である。アマービレ（甘口）とセッコ（辛口）の2種類があって、いずれも天然発酵による軽いピンク色の泡がたつのが特徴だ。

エンツォ・フェラーリも、食事中を写した生前の写真を見ると、大抵ランブルスコ・ワインが食卓にある。

数年前イタリアの民放テレビで放映した連続ドラマ『エンツォ・フェラーリ物語』でも、劇中のエンツォはジル・ヴィルヌーヴ役の青年に向かって「コラ若者、ちゃんと食べなきゃダメだ！」と言いながらトルテッリーニ（詰め物パスタ）を勧め、ランブルスコを勝手に注ぐ。
なお食卓でランブルスコと最高のコンビを奏でるのは、脂身がたっぷり入った豚肉で作る腸詰め『コテキーノ』である。コテキーノはイタリアでは年末の風物詩で、金運を呼ぶといわれるレンズ豆と一緒に食べる。

ランブルスコを愛好していたのはエンツォだけではない。彼を威嚇すべく、あえてモデナ県境のボローニャ側に工場を建てたフェルッチョ・ランボルギーニも、ランブルスコをこよなく愛していた。

トニーノ・ランボルギーニ著・拙訳『ザ・スピリット・オブ・ランボルギーニ』（２００４年　光人社）によると、フェルッチョは若き日に一度だけミッレミリアに出場する。朝方、安宿のベッド上でローストチキンにかぶりつき、ランブルスコをグイッと飲み干してからレースに臨んだ。後年の１９６３年に第一号車３５０ＧＴＶのベアシャシーを公開した日も、彼は人々にランブルスコの大盤振る舞いをしたという。

発泡性ワイン『ランブルスコ』。

ところでそのランブルスコ、実はイタリア産ワインの格付けとしては、いちばん上（ＤＯＣＧ）からひとつ下のＤＯＣだ。かわりに、値段も安く毎日楽しめる。

イタリアではブランドや格付けではなく、自分の舌で判断できて、食べ物との組み合わせを知る人間がトクをするのだ。

市電レストラン

MacBook Airに肉薄するサンドイッチ

乗り物の速度向上の歴史は「車内で食べる」という行為の回数と反比例する。日本では各地に新幹線網が伸びたことで、駅弁をゆっくり車内で食べる回数が減った人という人は多い。たしかに近年ボクが日本に一時帰国したときの駅弁購入場所といえば、もはや車内よりデパート／スーパーの『全国有名駅弁大会』のほうが多い。「鉄道唱歌」がエンドレスで流れている、あのコーナーである。

イタリアにおいても同様のことがいえる。駅弁文化こそなかったものの、列車内の食堂車のメニューは簡略化が進んでいる。イタリアの鉄道といえば、カースタイリストのジウジアーロやピニンファリーナがデザインしたスタイリッシュな特急車両だ。しかし食堂車で出てくるのは「チンもの」、つまり冷凍食品のレンジ解凍が大半である。オリエント急行のような豪華食を想像しているとガッカリする。

飛行機もしかり。ヨーロッパ圏内の飛行機の機内食は、ここ数年経費節減の波をもろに受けて簡略化が進んでいる。サンドイッチは『MacBook Air』と争っているのかと思われるくらい薄くなった。トマトジュースあたりをもらって腹を膨らませるしかない。

定期フェリーもしかりである。わが家のあるトスカーナからフランスのコルシカ島までは所要3時間であるが、船内のレストランはセルフ式だ。アウトストラーダの食堂同様、パスタは伸びても不味くなりにくいラザニアとかペンネばかりが揃えられている。

毎晩24カップル限定

そんな食の国としては、いささか情けない潮流のいっぽうで、粋な企画もある。ミラノ市街を巡るレストラン市電『アトモスフェラ』だ。ATMosferaとは、ミラノ交通営団の略称ATMと、ムードを意味するatmosferaをかけたものである。使用され

1920年代の市電を使った動くリストランテ『アトモスフェラ』。

ているのは１９２０年代後期の市電車両だ。１９４３年のミラノ空襲でダメージを被ったものの、その後丹念に再生されて生き延びた。

現在は24席、つまり12カップル分のシートが設置されている。サービスは２００６年秋から開始され、翌２００７年からはもう１両が追加された。つまり毎晩24カップルのための、動くリストランテというわけである。完全予約制で、乗車希望日の75日前から電話（イタリアのフリーダイヤル８００―８０―８１８１）で受け付ける。食事は１人68ユーロのコースのみ。メニューの中にあるパスタの種類といった選択肢も予約時に決めなくてはいけない。狭い車内で準備するゆえ仕方ないのだろう。ちなみに、料金支払いは、乗車15日前までにクレジットカード（ペイパル）決済が条件だ。

当日は、毎晩夜8時に市内のカステッロ広場を出発する。前菜、第１の皿、第2の皿＆付け合わせ、ドルチェ、コーヒーといった内容で、他にミネラルウォーターとワイン各１本がペアに付く。

「チンチン！」という警鐘を鳴らし、おだやかな白熱灯の光をともしながら、ゆっくりと走るアトモスフェラは、市内各所で街ゆく人の注目をひかずにはいられない。そして約2時間半の市内周遊のうち、ふたたびカステッロ広場に戻る。

タイムスリップ感覚も

このアトモスフェラ号、ＡＴＭ社は、貸し切りにも対応しているという。線路を行く、ミラネーゼの納涼屋形舟——ボクは、そんなキャッチを勝手に思いついた。ともかく、観光とはいえ車内でのんびり食べるカルチャーが今も味わえることは微笑ましいことである。

なお、アトモスフェラに供される車両は、市内の保管庫でも最も古いテオドージオ通りの電車区で、熟練職人によって改装されたものである。そしてメインテナンスも選りすぐりのベテランスタッフによって行なわれているという。

ルートでは時折、カロッツェリア・ザガートのチーフデザイナー原田則彦氏がデザインし、コンパッソ・ドーロ（金のコンパス）賞を獲得したモダーン市電『ユーロトラム』ともすれ違う。過去と未来でタイムスリップするような瞬間だ。

ただし「鉄ちゃん」が乗ると、あまりにさまざまなミニ知識を披露しすぎて、連れてきた女子からオタク扱いされ、食事代ふたり分１３６ユーロをふいにしそうな企画でもある。

ちなみにこのリストランテ市電、毎月曜の定休日に加え、新年、イースター期間、メーデー、夏休み、さらにクリスマスも運行されない。普通の人が考える掻き入れどきに堂々と休んでしまうあたり、いかにもイタリアの地方交通局のおシゴトっぽくて笑えるのである。

スーパーは座ってレジを打つ

“自然発生”のタイムセール

ここ数年の消費低迷を受け、イタリアのスーパーマーケットで、ある試みが始まっている。日本ではとっくにおなじみの、その試みとはずばり「タイムセール」である。閉店時刻が近づくにしたがい生鮮食料品などを値下げする、あれだ。

イタリア版の先駆けは北部フェラーラにある生協（生活共同組合）の大型店という。報道によると2008年末から「ハッピーアワー」と名づけて閉店2時間前の午後6時から魚やパン、そして生菓子を3〜5割値引くセールを開始した。店長はこのタイムセールを開始するにあたり、何の広告も出さなかったという。なぜならある日生パスタを作りすぎてしまい、仕方がないので値引き販売したのが始まりだったからだ。「次は魚」というふうに次々売れ残りそうなものの値引きをしてゆくうちに口コミで広まり、気がつけば午後6時以降にお客さんが集中するようになった。「それならいっそのこと」というわけで「ハッピーアワー」と命名したという。企画ではなく、いわば「自然発生」的なものだったというわけだ。

ボローニャ大学の調査によれば、イタリアの大型スーパーでは1店あたり年間170トンもの期限切れ食品を捨てていて、その価値は59万5000ユーロ（約7730万円）にも及ぶという。これがイタリア全体だと23万8000トン、1145億円になる。もしこれらを捨てないで食べれば、66万2000人に1日3食供給できる計算だ。エコの観点からも、相次ぐ災害で食料の大切さが再認識されていることからもイタリア版タイムセールの動きは、生協を中心にこれからも広がりを見せるだろう。

できない背景

ところで、なぜイタリアではタイムセールがニュースになるのか？　それが今までなかった原因は、日頃のスーパーを見ているとわかる。まず在庫管理が徹底していないため、品切れでガラガラの棚がよくある。また、流通経路のどこかがストップすると、たちまち棚が空いてしまう。覚えているのは、2007年12月に大型トラックのドライバーの組合がストライキをしたときだ。我が家の近所のスーパーも肉が数日にわたり通常の3割程度しか並ばなくなってしまった。

そうかと思うと、営業時間中でも店員が大量の商品をリフトで店内に運び込み、通路を塞いでしまうことも当たり前だ。

また、セール品が目の前に山積みになっているのに、「セールは明日からです」と張り紙がされていて、手に取れないようになっていることもある。

タイムセールを実行するには臨機応変に値下げをする売り場と、売り上げを記録するレジとの連携が必要であるが、このような状況からタイムセール的商品管理は到底根付くことがなかったのだろう。

蛍光灯が次々と消される！

ただし、イタリアのスーパーマーケットを見習って、日本でも導入したほうがよいと思われるものもある。ひとつは野菜や果物の量り売りシステムだ。お客はビニール袋をとり、野菜や果物を、買いたいぶんだけ入れる。品物には「じゃがいもは1番」「ニンジンは2番」というように、すべて番号が割り振られている。近くに置いてある電子はかりに、ビニールに入れた品物を載せ、品物の番号ボタンを押すと、重さが自動的に計られて値段とバーコードが印刷されたシールが出てくる。おかげで我が家のような2人家庭でも、大きなパックを無理やり買って、要らなかったぶんを腐らせてしまうことがない。

もうひとつはレジのスタイルである。ベルトコンベアーが設置されているのだ。お客さん自身がカゴから商品を出してその上に置くと、商品はレジ係の店員さんの前まで動いてゆく。店員さんは終始イスに座ってレジ作業をしている。これから日本でも高齢の店員さんも出てくるだろうから、発想を転換して、レジの店員さんを座らせてもいいのではないか？

ついでに日本でも一度やってみたら？と思うのは、スーパーの昼休みである。東京郊外にある女房の実家近くで日中がらんとしたスーパーを見るたび思う。昼休みも慣れてしまうとそれほど困らないことに気づくはずだ。

……と、イタリア式スーパーの美点を挙げたものの、やはり前述のように日本のつもりでいると面喰らうことのほうが多い。閉店時間もしかりだ。日本のように店内放送で、やんわりと「蛍の光」が流れることはない。かわりに店員の「まもなく閉店です。レジに近づいてくださいッ」という切羽詰まったアナウンスが流れる。続いて、追い立てるがごとく店の奥から蛍光灯をバチバチと切られていってしまう。「お客様は神様です」という言葉の意味は、日本を出て初めてわかるものである。

ドライバー組合がストをした週、スーパーの精肉売り場はスカスカに。

リキュール菓子つまんで運転禁止法

チョコ大喰いでアウト

日本では飲酒運転の呼気検査で摘発された際、「奈良漬を食べた」と言い訳する人が時折現れるのは、多くの人が知るところである。「次の弁解は酒まんじゅうか?」といった冗談はさておき、イタリアでも似たような事件があった。

ただし奈良漬ではなくチョコレートだ。２００８年12月、北部トレントで30歳代の女性が酒気帯び運転の疑いで摘発された。警察によると、女性からは規定値の倍以上のアルコール濃度が検出され、６カ月の免許停止となった。イタリア道交法では多くの欧州諸国同様、血中アルコール濃度が０・５gを超える場合が行政処分の対象だ。０・15g以上とする日本より甘い。

しかしこの女性、「大量に食べた『モンシェリ』が検知器に反応しただけ。酒は飲んでいない」と主張したことから騒ぎとなった。『Mon chéri』とはイタリア北部ピエモンテ州のフェレッロ社が造るリキュール入りチョコレートである。14粒入りで円にして５・75ユーロ（約６００円）。大箱は贈答品の性格が強い。「お呼ばれ」のとき持参する定番という位置づけは、日本の「ひよこ」に近い。

このモンシェリ事件は、ドライバーにそれなりの衝撃をもたらしたようだ。イタリアを代表する自動車誌『クアトロルオーテ』は2009年3月号で、摘発された女性と同年代である30代女性にモンシェリを12個食べさせる実験を行なっている。アルコール検査のため本物の交通警察官に来てもらっているところは、さすが一流自動車誌だ。

結果はというと……食後20分後、40分後とも検知濃度はゼロであった。雑誌は、たとえモンシェリを暴食したとしても検知器が反応する値に到底達しないとしている。

ボクもモンシェリを5個一気喰いしてこの原稿を書き始めてみたが、無事この行まで到達したことを報告しておく。

そういえばボクも、イタリアで警察のアルコールテストを路上で受けたことがある。もちろん酒を飲んでいなかったので、正々堂々と日本の要領で検知器に「ハーッ！」と息をかけた。ところが警官は「違う、違う」と言うではないか。よく聞けば、こちらの検知器は「先端のマウスピース部分を口にくわえて息を吐く」のだった。たしかに検査の前に、警官はビニール袋を破って使い捨てのマウスピースを出して付け替えていた。これでは効率が悪い。実際、ボクが検査を受けている間、他車が脇を何台も通り過ぎていった。日本のアルコール検知器メーカーは、欧州でも売り込みを図ってほしいものだ。

シェリー酒入りチョコ『モンシェリ』。

最高に「グレーゾーンな」菓子

モンシェリに関しては前述のような結果となったが、イタリアにはさらに酒気帯び・飲酒運転検査で、食べた・食べないの問題になりそうな、いわばグレーゾーンな菓子がある。

その名を「ババ」という。ナポリを州都とする南部カンパーニャ州の名物で、ふわふわしたスポンジ菓子を、ラム酒やレモンリキュールに漬けたものである。口の中に入れた途端、吸いこんでいたリキュールがジワーッと滲み出てくる。

本場では自家製もあるが、もっとも一般的なのは市販品である。その市販ババの瓶には、アルコール度約30～40％の酒がたっぷり入っている。ある時期から当局が「これは菓子であると同時に、酒だ」と目をつけたのだろう。他のアルコール類になされているものと同じ印紙で封印されている。

２００９年１月のことだ。「ババ禁止法」という見出しがイタリアのメディアを駆け巡った。やはり「ババ」を食べたあとの運転は処分の対象になるのか？　とっさにボクはそう思った。

ナポリの名物菓子『ババ』もリキュールたっぷり。

しかし事実はそうではなかった。一般的な飲酒による事故多発を問題視したイタリア運輸委員会が行政処分の対象アルコール濃度を0グラムにまで厳しくする案を提示したのがきっかけだった。それに対し、ある下院議員が行き過ぎだとし、「このままじゃ『ババ禁止法』だ！」と法改正に異議を唱えた、ということだった。彼の意見は、「リキュール菓子を食べただけのドライバーまで処罰される危険性をはらむ。それよりも基準値はそのままに、取り締まりの頻度を上げるほうが効果的」というものだった。

科学的データがないのでババが運転にどう作用するか断定はできない。しかしボク自身は「ババ」はクルマに乗って食べるより、駅のバールで「ほいッ」と手渡してくれるものを買い、列車内で食べるほうがいいと思っている。

砂糖入りリキュールは、安っぽい包み紙などすぐに透過する。したがって、たちまち両手はベタベタになる。それでも香りをプンプン漂わせ、周囲の客の羨望の視線を一身に集めながら食べる。これがうまい。座席やステアリングを汚したりすることを気にしながらクルマの中で食べるのは落ちつかないし、車内に残る強い香りで検問の際にあらぬ疑いをかけられるのも馬鹿馬鹿しいではないか。李下に冠を正さずである。

ちなみに標語文化が日本より希薄なイタリアだ。たとえ「ババ禁止法」が成立しても、「ババ喰うなら乗るな・乗るなら喰うな」「お父さん、ババを食べずに無事故だね」といった看板が突如現れ、絶景をぶち壊す心配はなかろう。

「ハイブリッドなピッツァ屋」続々開店！

嘘つき少年だったクライスラー会長

フォード・マスタング生みの親で、のちに倒産寸前のクライスラーを再生してヒーローとなったリー・アイアコッカ（1924年生）はイタリア系移民の子供である。

自叙伝『わが闘魂の経営』によると、少年時代親に作ってもらったピッツァのことを友人に話すと、「甘くないパイなんてあるはずがない」と信じてもらえず悔しかったという。当時の米国では、まだピッツァが市民権を得ていなかったのである。

しかし第二次大戦後ピッツァは飛躍的に知名度を上げる。アメリカ合衆国にやってきたイタリア系移民（多くは貧しい南部からだった）たちが、続々とピッツァ店を開いたためだ。さらに米軍が各国に進駐した結果、軍人目当てにピッツァ店が続々開店し、その広がりは世界的になった。日本もしかりである。

そしてアイアコッカが嘘つき少年呼ばわりされた時代が信じられぬほど、今やピッツァは一般的な食べ物となった。

本家イタリアでも戦後、ピッツェリアは週末における家族の楽しみとなった。この習慣の誕生は、戦後「奇跡」といわれた経済成長の時代とリンクする。初めてのマイカーとして手に入れたフィアット500に――ときには定員以上の――家族を押し込んではピッツェリアに出かけていったのである。とくに夏場、日が長いのをいいことに夜9時頃からピッツェリアの屋外テラスでワイワイ食べるのは、イタリアの一大風物詩となった。

外国人ピッツェリア急増中

ミニ知識としては、日本でよく報道されるように空中で生地をクルクルやる職人は、今日イタリアでは「選手権」の類以外一般的ではない。これ台の上で延ばす。

いっぽう近年、イタリアンレストラン業界全体に、ちょっとした異変が起きている。外食習慣が衰退しているのである。背景にあるのは、景気の後退である。2008年に発表された農業団体コルディレッティの最新調査によれば、イタリア人の1／3以上が前年1年間に「一度も外で夕食をとらなかった」という。すでに記したように仕事中の昼食を外でとる人は増えるいっぽうだが、余暇として夕食を外でとるイタリア人は減っている。幸いなのは、逆に「外食した」と答えた人のうち79％がピッツェリアを「お気に入りのタイプ」と答えていることだ。普通のリストランテよりも出費が抑えられるためだろう。

そんなイタリアのピッツェリア界でここのところ増えているのは、外国人経営による店である。ピッツァ職人の仕事はハードだ。朝から生地を捏ね、店は深夜まで続く。窯の前になんかいたくない夏場が掻き入れどきだ。

したがって若年層の失業率が高くても「我こそは」とピッツァ職人になるイタリア人が減っている。そのかわりに切り売りのテイクアウト・ピッツァを中心に、外国人が営む店が増えているのだ。２０１０年8月23日付けの『エスプレッソ』電子版によると、ミラノではエジプト系経営のピッツェリアが１１９店もあるのに対して、ピッツァの本場・南部カンパーニャ州系の店は31店に留まり、なかでも本場中の本場といもいえるナポリ系のピッツァ店は僅か10店という。

中華のピッツァ

もうひとつ面白いのは、中華料理の傍らでピッツァを出す店もイタリア各地で続々と増えていることである。元ピッツェリアだった店舗物件を購入した中国系経営者によるものだ。中華料理を提供するとともに、もともと備わっていた窯を活用しているのである。

個人的には「中華料理店のカレー」がまったく違う評価軸の味であると説得されても、受容できない筆者である。「中華のピッツァ」も、なかなか食してみる勇気がなかった。ところが先日、ようやくその機会が訪れた。出張先でホテルの近くに、中華料理店しかなかったのだ。

正直をいうと前日、別の場所で中華を食べていたボクとしては、二度続けてというのも「ナンだかねぇ」という気持ちだったが、仕方ない。

メニューに目を落とすと、ランチタイムにもかかわらず「ピッツァ」があるではないか。イタリアでピッツェリアは、夜8時頃にならないと窯に火を入れない店が多い。昼に「ピッツァください」などと言おうものなら、「コレだから外国人は困るよ」といった顔をされたりするのが普通だ。

ところが、たしかに店内の脇に窯があって、早くも火が入っている。そして他の客のピッツァを次々と焼いている。それを見て、ボクも初めて「中華料理店のピッツァ」を注文してみることにした。

ピッツァは5分前後でテーブルに運ばれてきた。従来イタリア人経営のピッツェリアでは注文を取りに来るまで20分、焼き始めれば早いにもかかわらず、注文を捌くのが遅く、さらに20分、とやたら時間がかかるのと対照的である。

醤油&ラー油を眺めながら

さて、出来上がったピッツァはというと、薄くかつ均一に延ばされていている。チーズも盛りだくさんだ。普通のピッツェリアのものと変わりない、いやそれ以上のクオリティである。縁のカリカリ部分も無闇に肥大しておらず、香ばしい。

あまりのボリュームに食べきれなくなり、「残りを持ち帰りたい」と言ったら、中国人のウエイターのお兄さんは嫌な顔ひとつせず紙ケースに入れてくれた。これで、いまどき1枚6ユーロは安い。

そうした手っ取り早さのためであろう、周囲のテーブルを見回すと、独身サラリーマンと思われる人たちが何人もいた。リストランテ＝基本的にカップルで、という伝統的イタリア食文化からすると、画期的なことだ。

家族連れも何組かいた。いずれも、お父さんと子供たちは中華、おじいちゃん・おばあちゃんはピッツァを注文している。食文化に柔軟な日本人と違い、イタリアのお年寄りは長年の食習慣を変えられないのである。家族みんなで楽しめるピッツェリア兼中華料理店は、イタリア外食産業界の画期的ハイブリッド・システムだ。

唯一慣れなくてはいけないのは、「脇に置かれた醤油とラー油を見ながら、ピッツァを食べる」という、これまたハイブリッドな光景である。

中華料理店のピッツァの一例。視界には醤油とラー油が。

クリスマスに勃発する嫁・姑戦争

テレビで「正しい花火と爆竹の遊び方」

年末になると、イタリアのテレビ各局のニュースで毎年必ず放映されるものがある。「正しい花火と爆竹の遊び方」だ。

花火や爆竹はイタリアにおける大晦日の風物詩であるが、それを受けて危険な花火や爆竹の密輸・販売も後をたたない。たとえば2009年12月にはナポリで11トンもの不正な花火が摘発された。暴発や誤った取り扱いによる事故も続発する。2009年の元日には、イタリア全国で1人が死亡・382人が重軽傷を負った。そのたびテレビで、正しい購入や遊び方を呼びかけるのである。番組によっては警察官も登場する。また、警察官が学校に出向いて指導することも行なわれている。

ボクの家の前でも、毎年若者たちが、爆竹に火をつけて盛り上がる。ある年の暮れ、向かいの一人暮らしのおじいさんが、若者たちのところに出ていった。うるさいので注意するのかと思いきや、しばらくしたらおじいさんも一緒に爆竹仲間に入って盛り上がっていた。火薬のにおいと、どこかの家の煙突から立ちのぼる暖炉の煙が入り交じり、中世の街シエナの年が暮れていった。

低燃費少年だって言ってるのに……

日にちは前後するが、イタリアで12月25日はクリスマス休日、翌26日も聖ステファノというカトリック聖人の日でお休みである。27日が日曜日にあたる年なら3連休になる。24日クリスマス・イヴの日、多くのイタリア人は魚料理を食べる。古来は「救世主キリストの誕生を質素な魚を食べて厳かに待つ」という意味だったのだが、最近では、同じ魚でも豪華なシーフード料理に変容してしまっている傾向もみられる。食後は日付が変わる深夜にかけて、地元の教会のミサに参列する人が多い。知り合いの82歳のお年寄りも、毎年欠かさず参列しているという。

かわって大パーティーは、翌12月25日の昼である。ある年のこと、ボクと女房は、知人のイタリア人家族宅で、そのパーティーに参加することになった。

正午すぎ、彼らの親戚が続々と到着して、気がつけば総勢20人以上になった。人の名前を覚えるのが苦手なボクなどは、結構困るシチュエーションだ。

そして昼の1時頃から少しずつ食べ始め、ワイワイ会話をしながら前菜、第一の皿のパスタ類、第二の皿のメイン……とイタリア式フルコースを食べ進んでいった。

彼らは「ボク、日本車と同じで低燃費っすから、勘弁してくださいよ」というボクの冗談に笑いながらも皿には、わんこそばのごとく次から次へとキジ、レバーなどを容赦なく盛る。

同時開催で決着

最後のエスプレッソコーヒーが出たのは5時頃。すでに外は暗かった。さらにプレゼント交換やゲームで盛り上がり、気がつけば時計は7時をまわっていた。いやー食った食った……と思ったら、とんでもない事態が待ち受けていた。その日、夫の実家に来ていたお嫁さんが、「このあと、自分たち夫婦の家に来て、食べ直せ」と言うのだ。

聞けば、今年はクリスマスを夫の実家で祝うか、自分たちの家でやるかを巡ってお姑さんと、ひと揉めあったそうだ。姑さん・お嫁さんとも、より台所が使いやすく仕切りやすい、自分の家でやりたかったのである。

最終的に折衷案として、お昼は姑さんの家、夜はお嫁さんの家ということになったという。「同時開催」というやつである。「W杯じゃあるまいし」と口に出かけたが、我が家は日頃から姑さんの家、お嫁さんの家ともつきあいがある、いわば永世中立の立場であると同時に、断ると角がたちそうだ。

かくして、ボクと女房は1㎞と離れていない別の家で、夜8時から11時頃まで再度フルコースと格闘することになった。その日、ボクのコレステロール値は急激に上昇したに違いない。

そうした季節、冒頭の「花火・爆竹の遊び方」同様、イタリアのニュースが親切にも放映してくれるのが、ずばり「クリスマスから年末年始における、食生活の注意点」というミニ特集である。「パーティーでの食べすぎを、どのような運動で克服するか？」から「食べ過ぎた翌日、

ある家庭でのクリスマス風景。和やかにまいりましょう。

何を食べたらいいか?」まで、お医者さんがダラダラと説明するものだ。

この手の特集、けっして終わらないところをみると、嫁・姑戦争に巻き込まれて〝義理フルコース〟を食べさせられているイタリア人は多いのだろう。

第4章
クルマのあるシアワセ

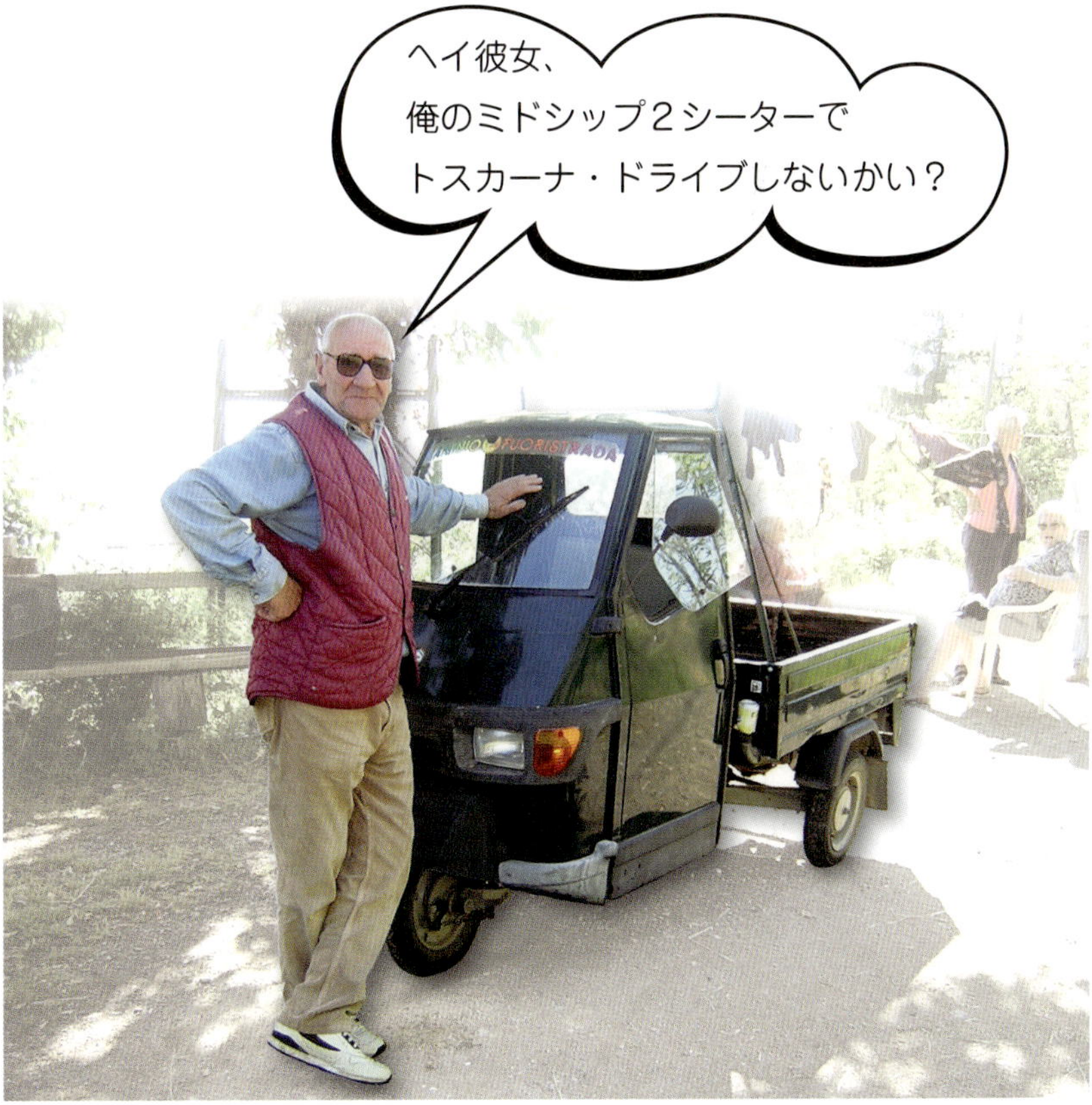
ヘイ彼女、
俺のミドシップ2シーターで
トスカーナ・ドライブしないかい？

大矢アキオの横丁スナップ　クルマ篇

↑ロベルトは、やって来るクルマやスクーターを今日も黙々と直し続ける（P.136）

↑中世の街に“チンクエチェント教習所”出現（P. 125）

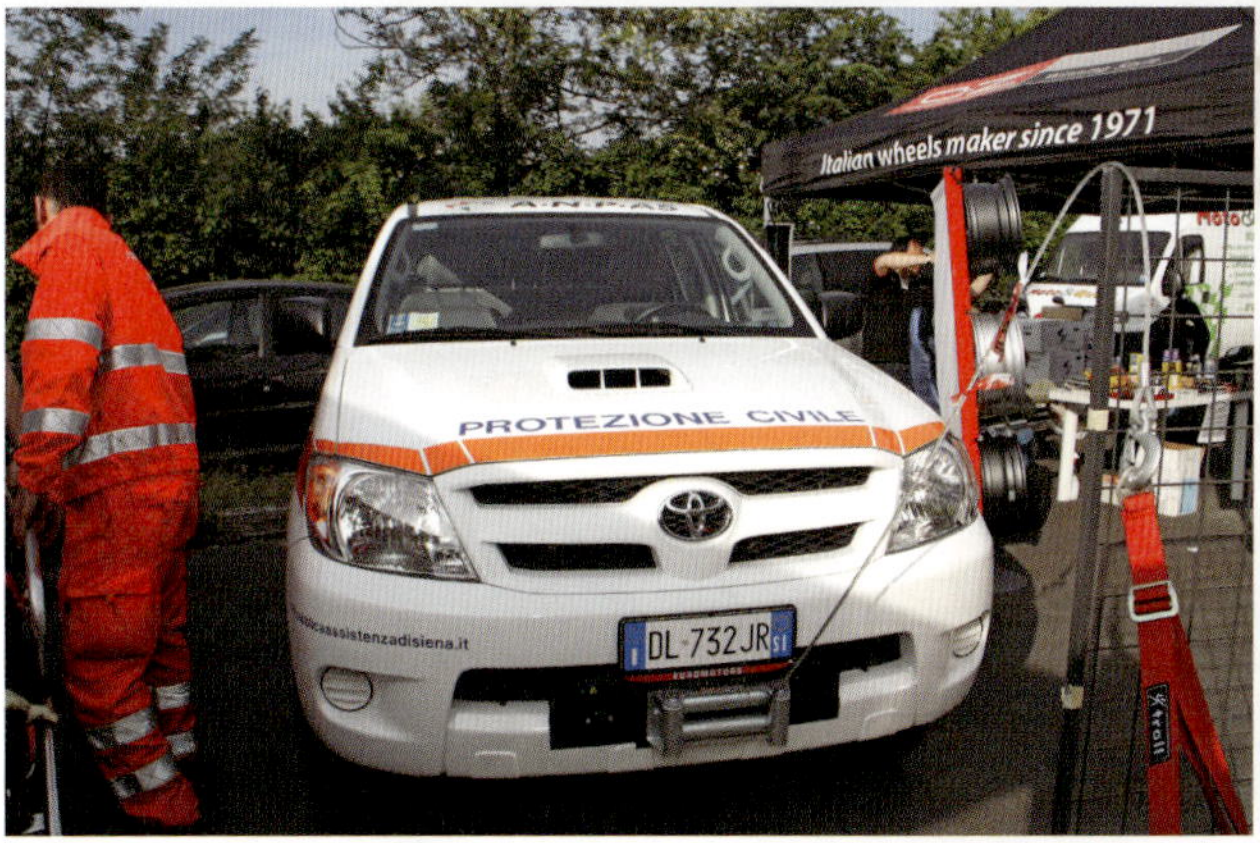

→イタリアの救急車はボランティアによるところが大きい（P. 159）

大矢アキオの横丁スナップ　クルマ篇

チンクエチェント教習車で千客万来！

イタリア教習所事情

イタリアの自動車教習所は、日本と違って小規模である。まず所内コースがない。最初こそ近所の空き地でクラッチ操作の練習をするが、直後に路上教習が始まる。学科の教室も3つ程度で、インストラクターも大抵10人以下だ。教習車もインストラクターの数とほぼ同数か、それ以下しかない。教習所通学費用は、もちろん技量によって異なるが約700ユーロ（約7万円）あればなんとかなる。

それとはもかく、車の選択はなかなか面白い。サイズは大きくてもフィアット・プント級止まりで、それも3ドアハッチバックである。背景には、もちろん購入費および経費節減という切実な事情があるのだろう。しかしこの国では戦後の経済成長時代、多くの人がフィアット600の教習車で運転を覚えた。当時から教習車＝コンパクトカーというのは、いわばイタリアの伝統なのである。

トリコローレのデカール付き

ある日ボクが住むシエナにある教習所の前を通りかかったときだ。白い新型フィアット50

0（チンクエチェント）が佇んでいるのを発見した。イタリア国旗色のデカールが貼られていて限りなくプライベートカー的だが、自動車教習所を示すSCUOLA GUIDAのステッカーがしっかり貼られている。これはまぎれもなく教習車だ！　思わず教習所の玄関をくぐり、話を聞くことにした。

　するとそこにいたおじさんが開口一番「見たか？」と嬉しそうに対応してくれた。

　彼はヴァルテルという、その教習所のインストラクター兼共同経営者だった。白い500の1・3マルチジェット・ディーゼル仕様は数日前納車されたばかりという。

「500を導入した理由？　最高のアイキャッチになるからだよ」

近所の教習所は500を導入して大繁盛。

実はこの教習所では数年前にＢＭＷミニを色違いで3台導入した。５００はその代替で、近いうち所有車4台すべてを５００にする計画という。

新型５００はその人気を背景に、通常教習所に適用される約25％の値引きもない、いわば強気の販売体制らしい。それでも1台2万２０００ユーロしたミニに比べると約3割も安く、かつそれ以上の宣伝効果が得られる、というヴァルテルさんの読みは正しかったようだ。受付のシルヴィア嬢によれば、早くも入校している教習生の間で、「次は５００で」と車種指定予約をする人が続出しているという。実際その日も他の教習車が人待ち状態の傍らで、５００教習車だけが毎時限フル稼働だった。

1台で2度おいしい？

やがて1時をまわり、シルヴィアさんが室内の電気をパチパチと消し始めた。昼休みである。ヴァルテルさんや同僚は家やバールへと向かう。その足は、ずばり教習車である。

イタリアの法律では、前述のSCUOLA GUIDAのマグネットステッカーを剥がし（簡単に外せる）、補助ペダルを解除すれば教習車のプライベート使用が許されている。平日はお客さんを呼び、週末は自分たちで愉しめる。フィアット５００はヴァルテルさんたちにとって「1台で2度おいしいクルマ」に違いない。

世界一幸せなスズキ

シトロエンよ、さらば

知人で年金生活者のカルロさん（70歳）が新車を買った。スズキのクロスオーバー車「ＳＸ４」である。４駆ではなく2駆のバージョンで、日本未発売の１・６リッターのディーゼル仕様だ。カルロさんが先日まで乗っていたのは、シトロエン・クサラ・ブレークである。10年前、彼が定年退職直後に買ったものだった。

「38万km乗ったよ」

彼の住居は山中にあり、街への食料品買い出しひとつとってもクルマは必需品である。そのため、そこまで走行距離を刻み続けてしまったのだ。カルロさんによれば、シトロエンの機関系はまだまだ元気だったのだが、日頃から自家農園で作ったワインやオリーブオイルをフル積載していたのが祟った。後輪のホイールアラインメントのキャンバー角が、気がつけばネガティブキャンバー、つまりタイヤが「ハ」の字型になってしまったという。

昔の人ゆえ物を大切するカルロさんは、一度は友達のカロッツェリア（板金工場）に応急措置を施してもらったが、やはり完治には至らなかった。

そうした折、２００８年後半からイタリア政府が自動車購入奨励金制度を開始した。経済危機の影響を受けた自動車産業を援助すると同時に、低公害車への買い替えを促すものである。一定条件の下取り車があると、1500ユーロ（約19万5000円）の補助がある仕組みだ。

古いシトロエン・クサラもそれに該当することがわかったカルロさんは、新車購入を決断した。

唯一の気がかり

車種選考の唯一の基準は、身長180cm以上あるカルロさんが快適に乗れることだった。結果として、トヨタのアーバンクルーザー（日本名 i s t）とスズキSX4が残った。そして最終的に、「内装が、より気に入った」ことから後者に決めた。

ところで、SX4といえば、フィアットにも兄弟車の「セディチ」があるが？　ボクが質問すると、

「お前の国のブランドのほうが、より良いと思ったんだよ」とカルロさんは答えた。イタリア人は、人を喜ばせるのがうまい。ただし実際のカルロさんは、ちょっとがっかりしたことがあったという。

「本当のメイドイン・ジャパンじゃないんだよ、これ」

欧州仕様のSX4は、スズキのハンガリー工場で生産されているのである。ちなみに、前述のフィアット・セディチも同じラインで造られている。以前、欧州仕様トヨタ・ヤリス（日本名ヴィッツ）のオーナーに、フランス工場製であることを告げて、「嫌なことを言うな、こい

つ」という顔をされたのを思い出した。イタリアの日本車ユーザーは、日本の工場製を理想とする人が多い。

　ボクはカルロさんに、スズキのハンガリー工場であるマジャールスズキ社は、すでに生産開始から17年の歴史があること、日本の品質水準を現地工場で維持すべく苦心しているメーカー担当者が必ずいることを解説したが、ご本人は疑心暗鬼だ。まあ、世界各地でドイツブランド車が造られていても、「やはりドイツ本国製のモデル」にこだわる日本人としては、けっしてカルロさんを笑えないだろう。

何でもお祭り！

　カルロさんはすでにディーラーにあ

カルロさんの友人撮影。スズキ SX4 の“進水式”シーン。

ったＳＸ４を選んだため、僅か1週間で手元にやってきたという。価格は1万7990ユーロ（約233万円）だが、カルロさんの場合前述の1500ユーロの買い替え奨励金が使えた。

イタリアのＳＸ４にオートマチック仕様はない。だが、この世代の多くのイタリア人がそうであるように、免許取得以来マニュアル一筋できたカルロさんにとっては、まったく苦ではない。

シトロエンの前にもプジョー405ブレークを10年近く乗っていたカルロさんである。ＳＸ４にも最低10年は乗るつもりだ。カルロさんが80歳を迎えたとき、ＳＸ４は彼の相棒としてどんな姿でいるか、今から興味深い。

帰り際、「これが祝いの模様だ」と言って、カルロさんは1枚の写真を見せてくれた。友人やご近所さんで集まって、「進水式」を執り行なったのだという。造船所におけるタンカーのごとく、シャンパンの瓶をＳＸ４にぶつけるポーズをとっているのは、その面倒見の良さから近所の人たちが勝手に「シンダコ（村長）」と呼んでいる名物おじさんだ。何でもお祭りにしてしまう、カルロさんの陽気さには恐れ入った。同時に、こんなに納車が歓迎されるとは、世界で最も幸せなＳＸ４の1台であることは確かである。

免許証はタイムカプセル

10年免許

イタリアでは、50歳になるまで普通運転免許証の有効期間は10年である。早いもので、ボクもイタリアの免許を保有して10年が経過し、初めて更新することになった。

この国では、街の自動車教習所で更新手続きができる。しかし、どんな手続きでも異常な時間がかかるイタリアのことだ。万一クルマに乗れない期間が生じては不便である。心配症のボクは期限切れの3カ月前、例の〝チンクエチェント〟教習所に聞きに行った。

すると意外にも「期限が切れる1、2週間前でいい」という返事だった。運転できない期間も生じないという。

というわけで期限切れの1カ月前、ふたたびボクは教習所の門をくぐった。すると受付のシルヴィア嬢は、「じゃ、今夜来る?」とボクに告げた。なんとも突然である。なぜなら今日は「免許更新に必要な健康診断を行なう警察所属の医師が、ちょうど教習所にやってくる日」という。幸いその晩、特に用事がなかったボクは予約を入れた。

続いてシルヴィアは、「どっちのタイプにする?」とボクに聞く。

今、イタリアでは更新にあたって、ふたつの免許のタイプから選べる。ひとつは最新のEU

規格に準拠したプラスチックカード型で、もうひとつは従来の紙製免許証に、更新したことを示すシールを張り付ける方式である。

ボクは後者にした。更新費用が安いのと同時に、軽3輪トラックも運転できることまで明示された古い免許証に愛着を感じていたからだ。

仰天の健康診断

その晩、約束の時間にふたたび教習所に行ってみると、更新希望者はボクの前に、ひとり女性がいるだけだった。待っている間に、渡された問診表にチェックマークを入れてゆく。

医師が待つ部屋は奥のほうにあった。辿りつくには、これから免許をとる人が学科教習を受けている教室を横切らないといけない。列車のような間取りだ。入ってみると、医師がぽつんと座っていた。といっても白衣を着ているわけではない。何も言われなければ普通のおじさんだ。

その医師の質問はといえば「へえ、イタリアに10年も住んでんの？　イタリア料理はどうよ？口に合う？」などと、免許とはまったく関係のないものだった。

でも話しながらも、聴覚のところにチェックマークを入れているから、それなりにテストなのだろう。

次に医師が不思議なことを言った。「じゃ、あなたの免許証を持って、向こうの壁まで下がって」そして「免許証で、片目ずつ隠してね」と言うではないか。そう、視力検査における、おしゃもじ型目隠しの代わりだったのだ。

測定表は日本で一般的なランドルト環といわれるドーナツ型ではなく、アルファベットである。「エッメ、エッレ、エッセ……」と、指されたものをイタリア語で読んでゆく。

最後に医師は「じゃ、これ持ってって」と言って、診断書をボクに渡した。これで健康診断は終了。正味10分かからなかった。

ふたたび受付のシルヴィアのところに行くと、「ローマにある運輸省から、更新したことを示す貼り付け用シールが届くまで大抵2カ月かかるのよ。それまで、今までの免許証と今日の健康診断書で運転して大丈夫」と教えてくれた。なるほど、である。

帰り際に支払ったのは、収入印紙14・62ユーロ（約2400円）と、運輸省への申請料および健康診断料を含む事務手数料70ユーロ（約1万円）だった。

お国違えば、免許の更新もずいぶん違う。

青春の面影、いつまでも

更新シールが我が家に届いたのは、健康診断から本当に2カ月後のことだった。書留ではない。普通郵便である。紛失したらどうするんだ、とも思ったが、とりあえず届いたので、ここは良しとしよう。

これであと10年運転できるというわけだ。参考までに、50歳を超えると5年更新となり、さらに71歳以上は3年ごとになる。

ところで、紙でできた従来型免許証で愉快なのは、〝写真がそのまま〟ということである。ボクの免許の写真も10年前のままだ。

ということは、彼らも……と思いたち、まずは会社経営者のマリオさん（63歳）に聞いてみた。ところが「ボクは、この前の更新のとき、プラスチック製に替えちゃったよ」と言う。「持ち運びに便利だからな」。そのとおりだが、残念である。

いっぽう、いたいた。土産物店店主・ドゥッチョ君（32歳）である。免許写真は14年前、つまり18歳に免許を取得したときのままだ。今は強面のヒゲ面だが、当時の表情には、あどけなさが残る。

知人アントニオ（49歳）の免許も紙製だった。貼付された写真は19年前、30歳そこそこのときのものである。

このサンプル3件から察するに、本人たちには失礼だが「往年の髪のボリュームを懐かしむ持ち主ほど、古い写真を維持できる従来型を愛用する」という法則を見出せる。イタリアの紙製免許は、ちょっとしたお笑いを提供してくれるタイムカプセルなのである。

この変わりっぷりはどうだ！

天然三丁目な修理工場

いっちょプワーッといくか

日本はここ数年、映画『ALWAYS 三丁目の夕日』シリーズから古い日本車ミニカー付き缶コーヒーまで、元気があった時代をしきりに懐かしんでいる。イタリアで見ていると、面白いと同時に、過ぎ去りし日のアルバムばかり見ているようで、日本がちょっと心配になる。と書きつつもボクも、呉服橋交差点の旧・大和証券本店ビル前（現・パソナグループ本部ビル）を通るのが大好きである。そこをロケ地に使用していた植木等のサラリーマン映画を思い出すのだ。信号待ちの間ビルを眺めながら、主人公の決まり文句である「さあ、今日もいっちょプワーッといくか」を心の中で叫ぶ。そして横断歩道を渡ると、当時のマドンナ役・浜美枝がいる気がして、つい外から中を覗いてしまう。結局、ボクもしっかりと東京に幻影を求めているのである。

看板のない修理工場

話はかわって、シエナの我が家の斜め向かいに1軒の自動車修理工場がある。日本でいう「工場」を想像してもらっては困る。間口はようやくクルマ1台が押し込める程度である。終戦直後まで馬小屋だったに違いない。

工場の主ロベルトは、メッカニコ（メカニック）歴50年、すでに70歳半ばだ。『三丁目』に家族経営の修理工場が出てくるが、こちらは彼が独りで切り盛りしている。

ロベルトの工房は、特定メーカーの指定工場ではない。かわりに、その日によって、様々な客からいろいろなクルマが持ち込まれる。八百屋のおじさんが乗る3輪トラック、休暇にやってきた外国人が持ち込んだキャンピングカー……。ロベルト工房に入庫しているクルマは、まさに日替わりである。それを彼は「来るもの拒まず」といった感で、こつこつと直している。お客がディーラーに持ち込むほどではない作業を、より安く早く直す。

だから看板がなくても、町の人々に重宝がられている。ボクもオイルやオイルフィルターの交換をときどき頼んでいる。また、たとえ彼に仕事を頼まなくても、たとえばヘッドランプの電球1個から売ってくれる。いつもお金がなくて工賃が払えないボクは、何度助けられたことか。

奥の間にあったもの

ある日のことだ。ロベルトが、外を歩いていたボクを工房の中から手招きしながらこう言った。「クルマ、好きだろ。見て行くかい？」そして、いつもの修理場から、さらに奥の間に招く。

強い陽光のもとからいきなり穴倉のような内部に入ったため、最初は何がなんだかわからなかった。しかし、やがてそこにあるものがわかってきた。

フィアットにおける戦前から戦後にかけての傑作大衆車初代チンクエチェント『トポリーノ』だった。1957年2代め『チンクエチェント』と同じ名設計者ダンテ・ジャコーザの設計である。ある家の納屋に眠っていたものを修理しているのだという。記録によれば最後に動いていたのは1988年である。再び元気に動くようになるのに、いつまでかかるのかは誰も知らない。

その日にやってきたクルマの面倒を見ているロベルトが、こんな復元も手がけていたなんて。『三丁目』に駄菓子屋を営みながら児童文学を綴る若者が登場するが、彼はまさにそのクルマ版である。ふと見ると、ロベルトの横顔はどこか誇らしげだった。

つくりものではない

ロベルトは今日も黙々と仕事を続ける。今朝のお題は、近所のおじいさんの足であり、終《つい》のクルマになるであろうチンクエチェント・ジャルディニエラと、若者が持ち込んだヴェスパ・スクーターである。

そんな光景を見るたび、ボクなどは「日本の洒落た店のように、Cinquecento&Vespa pro shop なんていう看板でも掛けて、おじさんもパリっとした格好をすれば、もっとウケるのに」と思う。煉瓦むき出しの部品庫も、ボクの目からすればかなりいける。しかしロベルトはそんなことに気が付いていないし、まったく興味がない。地元の人に喜ばれるのがいちばん嬉しいのだ。つくりものではない、天然『三丁目』である。

そんな彼の工具置き場で、あるものを発見した。セクシーな女性グラビアポスターである。修理工場の標準装備品といえばそれまでだが、髪型・メイクといい、退色具合といい、貼付後30年は経過しているとみた。これまた天然である。

今や哀愁さえ漂う彼にも若かりし頃があったんだなあ、と、さらにロベルトに親近感を覚えたボクであった。

霊柩車ショー

タネキスポ

あるイタリア人の知人は、日本映画「おくりびと」を観て涙を流したそうだ。いっぽう、ボクが観るたび感激するのは、2章でも触れた「イタリアのガラス張り霊柩車」である。多くは伸びやかなストレッチ・ボディで、モーターショーのヘタなコンセプトカーよりもスタイリッシュである。なにより実用に供されているところがすごい。

ボクはこのイタリア版霊柩車について詳しく知りたいと思いながら、今日までつい機会を逸してきた。イタリアの自動車雑誌も扱わないし、用途が用途だけに稼働中他人のボクが近寄って仔細に見るのも気が引ける。

そこで狙っていたのが、隔年開催される葬儀および墓地用品ショー「タネキスポ」だ。ボクは待ちに待った「人生最後のレンタカー」の展示を見るべく、我が家から200kmのボローニャまで遥々クルマを走らせた。

細かな心遣い

やはり専門業界のショーである。毎年12月のボローニャ・モーターショーと同じメッセ会場だというのに、別会場かと見紛う荘重な雰囲気が漂っている。

パンフレットによると２０１０年度の出展総数は約２００社で、霊柩車のカロッツェリアは12社が出展していた。お棺や墓石が並ぶ間を通り抜けて、まずボクが訪れたのは『エッレーナ』というカロッツェリアだった。全長６・25メートルの『メルセデス・ベンツ』改霊柩車が衆目を引いている。

対応してくれた創業家のウィリアム・エッレーナ氏によれば「一般的なシルバー、黒といった色ではなく、あえて白いボディカラーにチャレンジした」という。同社はもともとお棺を製造していたが、約20年前に霊柩車製造に進出した。１台あたりの改造に要する時間は３３０〜３３５時間。年産は30台だ。白いメルセデス改の価格は、税別13万５０００ユーロ（１６７４万円）である。なお同社は、霊柩車を受注生産ではなく、あらかじめ製造して販売しているという。

ところで今日、イタリアの霊柩車というと、メルセデスの改造車が圧倒的に多い。「なぜ？」というボクの質問にウィリアム氏は、「人生の大切な時に相応しい風格の車だから」と説明してくれた。同時に、霊柩車用ストレッチ・プラットフォームを自動車メーカー公認で供給しているサプライヤーが限られていることもあるという。

メルセデスの場合、ドイツの『ビンツ』という会社がメルセデスの許可を得て、ストレッチしたプラットフォームをカロッツェリアに供給している。霊柩車ボディ架装後にメルセデスのブランドを表に出して売ることは許されない。だが、こうした公式サプライヤーによるモデルは、機械部分にメルセデスの正規保証が適用されるのが大きなメリットだ。同様に参加していたビンツの担当者に聞けば、イタリアでは15のカロッツェリアに供給しているらしい。なお、近年はクライスラーも、こうした霊柩車用ストレッチ・プラットフォームを供給している。

次にボクが訪れた『ビーエッメ・スペシャルカーズ』は、もう少し規模が大きく、14人の工場従業員で年間１００台を生産している会社だ。こちらはハイテク装備満載である。お棺を室内に入れるスライド式トレイを引き出すと、無数のＬＥＤ照明が輝く。さながら豪華クルーザーのインテリアのようだ。両サイドには小型液晶ディスプレイが装備されていて、遺影などを映しだすことができる。ブレーキランプのカットオフ・スイッチも装備している。「教会から徒歩で墓地まで行く参列者を低速運転で先導するとき、後ろの人々が眩しくないように」という細かな心遣いだ。

そうした行列の間に、助手席に乗った司祭の祈祷を聞かせるためのマイク＆外部スピーカー

ビーエッメ社の新型ハイテク霊柩車。

や、参列者の歩みを確認するリアビューカメラも装着されている。

ところでその日ボクは、日本式宮型霊柩車の写真数点を持参した。一部の関係者は知っていたが、初めて見た人たちは皆「えらく重くて遅そうだな！」と驚いていた。それはそうだ。ある会社のスタッフに聞けば、彼らのメルセデスEクラス改はスペック上時速180km走行が可能という。ただし、「安全に対しても配慮を怠りません」と前述のビーエッメ社のスタッフは訴える。遺体の入ったお棺は200kg前後になるからだ。万一の衝突時、お棺が前方に投げ出されても、乗員、つまり葬祭業者や遺族、司祭などに被害を与えない強固なスカットル（仕切り）が必要なのである。なお、霊柩車カロッツェリアの見せ場であるボディ後方部分の材質は、FRPなどの樹脂、スチールなど、メーカーによってさまざまだ。あるカロッツェリアは、「同じ大型霊柩車でも、量産品といえる米国製と違って、イタリア製は丁寧な手作りの伝統が息づいています。耐久年数が違います」と胸を張った。

霊柩車デザイナーに聞く

イタリアらしい華やかなコーチワークがあるいっぽうで、別のタイプの霊柩車を目指したメーカーもあるのに気づく。たとえば、遥々シチリアから出展したグラッソ兄弟社の霊柩車は、『ピアッジョ・ポーター』がベースである。ポーターとは、わが『ダイハツ・ハイゼット』のイタリア版だ。社員によれば、「大きな霊柩車が入れない、田舎の古い小さな村で活躍する」という。

低価格志向もあった。『フォルクスワーゲン（VW）パサート・ヴァリアント』をベースに、霊柩車としての内装を簡素にしたもので、価格は税別4万9000ユーロ（約607万円）だ。前述のメルセデス改からすると2分の1以下である。納期も1カ月だ。そのパサート改を展示した『アレア』という会社は、実はもう1台の霊柩車を展示していた。メルセデス現行Eクラスをベースにしたものである。デザインしたのはジョルジョ・ロンバルド氏。1984年生まれの今年26歳だ。よく聞けば、その霊柩車カロッツェリアの御曹司だった。

南部出身の彼は、葬儀をはじめ儀式を北部より重んじる風土で育った。故郷を離れトリノのデザイン学校で学んだあと、父が経営する会社に入った彼は、1年がかりでこのメルセデス霊柩車のデザインに取り組んだ。コンピューターの手を借りず、1／18モデルで仕上げていった。「エジプトのピラミッドを見ればわかるように、葬儀はいつの時代にも重要で荘厳なものなのです」

彼の、そうした儀式に対する厳粛な思いを込めた1台だ。また、あるカロッツェリアのスタッフは、「全部のスタンドを見終わったら、戻ってこいよ」とボクに言った。なぜかと聞けば、彼は「あとで君の評価を聞こうじゃないか」と真面目な顔で答えた。霊柩車に関わる人たちは、ボクが想像していたより熱意に満ちていた。だからボクがあの世に行く際は、「メルセデスの超豪華LED照明付きロング仕様」「ピアッジョ・ポーター」どちらでも、喜んで乗せていただこうと思う。

おばあちゃんでも「ギアチェ〜ンジ！」

イタリア国内における60歳以上のドライバー、いわゆる高齢運転者の数はおよそ６８４万人で、運転免許保有者の19・2％にのぼる（２００８年イタリア運輸・国土整備省調べ）。道路を走るドライバーのおよそ5人に１人が高齢者ということになる。その数は、過去4年間で25万８０００人も増加している。ちょっと調べてみると、６８４万人というのは香港の人口に匹敵する。

イタリア人のお年寄りは、運転好きである。シフトチェンジが要らないオートマチック車はまだ１割前後しか普及していないが、お年寄りもそれほど不便には感じていない。

それどころか、たとえおばあちゃんでもギアチェンジする手振りをしながら「コレやらなくて何が〝運転〟なのヨ」などと、操縦する楽しさを語るのには驚く。

ただしこんな調査結果もある。２０２０年にイタリアでは、交通事故死者の5人に１人が高齢者になるという予測だ。すでにここ数年イタリアでは日本同様、アウトストラーダ（高速道路）を誤って逆走してしまうお年寄りの事故が頻発している。

わが家の近所でも「大丈夫？」と声をかけたくなる、高齢のドライバーを目にする。象徴的なのは月曜日の新聞スタンド近くの光景だ。イタリアでは新聞配達が原則としてない。そのため、新聞が欲しい人はエディーコラと呼ばれる新聞雑誌スタンドまで買いに行く。旧市街に住んでいる人は歩いてゆくが、郊外に住んでいる人はクルマで買いに来る。新聞スタンドはおじいちゃんのちょっとした社交場でもある。新聞を買うだけが目的ではないのだ。

そこまではいい。問題は、そのあたりを走るクルマが妙にフラフラしていることが多いことだ。とくに月曜日は運転が危ないクルマが多い。週末のサッカーの試合の結果が気になってしまうのだろう。助手席に置いたスポーツ新聞に目を落としながら、走ってしまうおじいちゃんが多いのだ。

ちなみにイタリアには初心者マークはあっても、日本の高齢マークのようなものはない。だからボクなどは、クルマのタイプや古さで高齢者が乗っているかを判断する。

ボクが考えるに、歳をとっても運転せざるを得ない環境なのも問題の背景にある。

第1章の冒頭にも記したが、この国では戦後、車の普及にともない、歴史的な市街地の小さい家から郊外の広い家へと移り住む傾向が続いてきた。そうして引っ越してきた人たちが高齢化した。またリタイアしてから、郊外に、ゆとりある暮らしを求めて引っ越してきた人も多い。

ところがそうした現状とは裏腹に、バスや電車など公共交通機関は一部大都市を除いて充実

愛車1990年イノチェンティ・スモールに今も乗り続けるアンジェラさん。

が図られなかった。それどころか、地方では公共交通の路線縮小を年々行なっているところも多い。ストライキなどで、ダイヤがあてにならない日も少なくない。

さらに「おじいちゃん・おばあちゃんの仕事は6兆7千億円分!」の項で記したように、幼稚園や小学校は原則として送り迎えが義務だ。共働きが多い今日、子供たちの送迎は、おじいちゃん・おばあちゃんという家が多い。

したがって、お年寄りがクルマをやめようにもやめられないのだ。

ここからは、憎めない、おじいさんドライバーもいるというお話。知り合いのアウグストさんというお年寄りだ。少し前に孫が小学校に入った70歳のおじいちゃんである。

彼は長身だ。したがってどんなクルマにするかは、値段やブランドではなく、自分の体が収まるかどうかで決まる。ボクなどは「いっそのこと、屋根のないオープンカーにしちゃったら」と冗談を言っている。

あるときアウグストさんのクルマに同乗して高速道路を走っていると「大変だっ！ こ、これはナンなんだ」と突然騒ぎだした。

とりあえず次のサービスエリアまで静かに走ってもらってよく聞くとアウグストさんは、メーターの中のランプを差して焦っている。

見ると、何のことはない。後ろの窓の曇り取り、いわゆる「熱線デフォッガー」が作動していることを示すランプだった。アウグストさんが運転中、誤ってスイッチを触ってしまったのだろう。ボクがスイッチを消してあげた。それだけで「いやー、助かった。アキオはクルマに詳しいな」と、えらく感謝された。

それにしてもアウグストさんはそのクルマに5年以上乗っている。前に乗っていたクルマだって、曇り取りはあっただろうに。不思議である。

この日のアウグストさんには続きがある。帰り道、ある村の近くを通りながら「よしっ、グランドホテルでメシ喰って帰ろう」と言い出した。

しかし近辺に、大きなホテルなどできた話は聞いていない。それでも、アウグストおじいさんは深い霧の中、クルマをどんどん走らせてゆく。その挙句現れたのは、それは小さな小さな古い食堂だった。

扉を開けると、外の地味な造りとは対照的に、中は地元の人たちで大賑わい。料理のうまさも店の人のもてなしも、たしかにホテル並みだ。いや、高級ホテルを上回る。なるほど、これがアウグストさんのいう「グランドホテル」か！　イタリア紳士の粋なジョークに、ひどく感心した次第だった……と、アウグストさんを立てて終わらせたいところだが、そのあとアウグストさんは満腹ついでに眠くなってしまった。

彼は下戸のボクに「あとは、よろしく頼む」とキーを渡して早々と助手席に回った。かくして、にわかお抱え運転手にさせられたボクは横でグースカ眠るアウグストおじさんを乗せて、慣れないクルマで慣れない山道を下らされたのであった。

モデナはイタリアの浜松だ！

エンジンの大地

3章「エンツォもフェルッチョも酔った酒」で触れたモデナは、北部エミリア＝ロマーニャ州にある。この州はイタリアで「エンジンの大地　Terra di motori テッラ・ディ・モトーリ」と呼ばれている。

たしかにイタリア車ファンの間で「聖地」となっている街が多い。モデナはエンツォ・フェラーリの生誕地であり、現在マセラーティや少量生産スポーツカーメーカー、パガーニの工場がある。フェラーリのボディ製作部門であるカロッツェリア・スカリエッティもある。ブガッティも１９８７年の復活時の本拠地はモデナ郊外だった。２００４年に閉鎖されてしまった旧デ・トマーゾもモデナのアウトストラーダ沿いで長いこと製造されていた。

また、モデナの南30㎞にあるマラネッロは、いわずと知れたフェラーリの本社および工場所在地である。ランボルギーニも、モデナに限りなく近いサンタガタ・ボロニェーゼにある。さ

右がモデナのエンツォ・フェラーリ生家。

らに汎用エンジンで有名なロンバルディーニも、レッジョ・エミリアをベースとしている。

始まりは農機具から

なぜエミリア＝ロマーニャが、ここまで「エンジンの大地」になったのか？　ボクが常々不思議に思っていた疑問に答えてくれたのは、２輪メーカー・ドゥカティ博物館のリヴィオ・ローディさんだった。このバイク・メーカーは、ボローニャ郊外ボルゴ・パニガーレ――この地は東京・箱崎のごとく渋滞の名所で、交通情報ラジオに欠かせない地名だ――に本社を置いている。リヴィオさんは同地で生まれ、20年間ドゥカティの工場で働いた。その傍らで地道に歴史資料をこつこつと収集。その「ドゥカティおたく」ぶりが買われ、博物館開館とともに専属に抜擢された。

「『エンジンの大地』になった起源は、この平原一帯で農業が盛んだったからだよ」

リヴィオさんは、そう切り出した。「農具を作り、修理する鍛冶の技術が、その始まりさ」

後日他の人から聞いた話で補足すると、一帯はトラクターで耕しやすい平地であった。そのため早くから農業の機械化が進んだのも「エンジンの大地」へと加速するきっかけになった。当初エミリア＝ロマーニャの農家にあるトラクターは大半が輸入だったが、１９２２年に誕生したムッソリーニのファシスト政権はそれらに重い関税を課した。それをきっかけに国産トラクターが造られるようになっていった。

戦後その普及に尽力したひとりは、ランボルギーニの創始者フェルッチョ・ランボルギーニである。フェラーラ県チェント村の農家に生まれた彼は、軍の払い下げ物資のトラックを改造して小型トラクターを作って売った。それこそ後年のミウラ、カウンタック（クンタッチ）に続く第一歩だった。

トラクター同様、物づくりの伝統はさまざまな工業も生んだ。ドゥカティも戦前はラジオ用コンデンサーの会社で、それを土台に戦後2輪へと進出した。

このあたりが、主にフィアット主導で自動車産業が発展したトリノとは異なるところである。エミリア＝ロマーニャでとりわけスーパースポーツカーや高性能バイク産業が発展した理由について、リヴィオさんは「平原でストレートの道が多いから、公道テストしやすかったこともあっただろうね」と言って笑う。たしかにエミリア＝ロマーニャの道を走っていると、テスト中のクルマに遭遇することが多い。往年の田宮二郎のスパイ映画に登場するような覆面をした車両もあるが、なかにはほぼ市販予定のままの姿で走っているものもある。

ウナギも御縁

こうしてエミリア＝ロマーニャのことを書いていて、ふと気がついたことがあった。ずばり「エミリア＝ロマーニャは静岡県である」ということだ。有名な街でいえば「モデナは浜松」といったところか。繰り返しになるがエミリア＝ロマーニャは、量産車フィアットの生産地であるトリノに対して、オートバイやハイパフォーマンスカーのイメージが強い。これは愛知県豊田市が量産車の生産地であるのに対して、浜松一帯ではヤマハやスズキがオートバイを生産し、また長年ヤマハはトヨタに高性能エンジンを供給してきたのとよく似ている。

エミリア＝ロマーニャの機械工業が農機具からスタートしたように、静岡にもきっかけとなった前身がある。江戸時代、浜松一帯が国内三大綿産地であったことに由来する織機づくりだ。スズキのルーツは１９０９年に創業した鈴木式織機製作所である。トヨタグループの創始者で１８９０年に豊田式織機を発明した豊田佐吉も現・静岡県の出身だ。

ついでにいえばエミリア＝ロマーニャのイモラ・サーキットに対して、静岡には富士スピードウェイがある。トリノとエミリア＝ロマーニャ、豊田と浜松の位置関係も、距離こそ大幅に違えど、かなり似ている。思い込みの激しいボクなどは、両国の地図を比較対照していると、リヴィエラ海岸が駿河湾に見えてくる。

実はもうひとつ、「エミリア＝ロマーニャ・静岡」説には、大きな証拠がある。「ウナギ」だ。エミリア＝ロマーニャにはコマッキオという大きな湖があって、そこはイタリア屈指のウナギ産地である。ただしこちらのウナギ料理は、トマトと一緒に煮たり、ワインビネガー漬けにする。それもことごとく筒切りにしてしまう。ここはひとつ、浜名湖周辺の自治体のどこかが「ウナギ＝バイク姉妹都市」提携を果たして、とろっとタレの効いた蒲焼のうまさをイタリア人にも知らしめてほしいものである。

グーグル・ストリートビューに露出成功！

ナゾの3輪車

その年末、ボクは半年前に世を去ったマイケル・ジャクソンをしのんで密かにムーンウォークの練習に励んでいた。ところがそれを知らなかった女房から、「足の関節がおかしいのか？」と心配された。さらにキムタクが紅白歌合戦でムーンウォークを披露したことを知り、もう勝ち目がないと思った。そうした失意のなかで、ふとある出来事を思い出した。

話は2009年7月中旬の、ある日まで遡る。朝、原稿を書いていて、ふと窓の外を見ると、不思議なトライク（3輪自転車）が眼下をゆっくりと通過しようとしている。ペダルを漕ぐ若者と、トライクのあとを追う若者の、男子2人連れである。アイスクリーム売りか？　と思ったが、トライクには一見スピーカーと見間違えるような装置が付いていた。さらによく見ると、そこに「Google」と書いてあるではないか。即座にピン！　ときた。『Google ストリートビュー』の撮影だ！

多くの読者はご存知だろうが、念のため書いておくと、「ストリートビュー」とは、検索エンジンのGoogleが提供する無料地図サービス『Google マップ』に組み込まれているもので、道路沿いの風景360度をパノラマ写真で見ることができるものだ。ちなみにボクの会社員時代の先輩は、元カノの実家をググっては懐かしんでいるという。

ボクの住むシエナ旧市街は、まるごとユネスコ世界遺産にもかかわらず、ストリートビューでは、なぜか後まわしにされていた。だから、思わず「キターッ！」と叫んでしまった。

東京では『トヨタ・プリウス』を使って撮影がおこなわれているらしいが、シエナの旧市街は、住民以外のクルマは原則として進入できないし、やたら一方通行が多い。そこで、トライクにしたに違いない。

グーグル・ストリートビューに出たい！

Google到来を女房に報告すると、彼女は即座にタンスを開け、なかでもいちばん派手な緑のシャツを選んでボクに渡した。そしてボクに一言「ゴー！」と言った。ボクは即座に意図するところがわかった。「ストリートビュー露出作戦！」である。

そのシャツは長袖。7月には少々暑いが、ガマン、ガマン。ボクはボタンを掛けるのもそこそこに、階段を下りて外に飛び出していった。しかしすでに撮影トライクは視界から消えていた。ボクは彼らが向かったと思われる方向に駆けて行った。頭の中では「太陽にほえろ！」における劇中追跡シーンのテーマが響いていた。

ようやくトライクを発見したのは、400メートルほど離れた商店街だった。内部機器の冷却ファンだろうか、近づいてみるとトライクは「ブーン」という連続音を静かに発している。あまり露骨に写ろうとして彼らに嫌がられたり、避けられては、失敗である。遠巻きに追うことにした。

ちょうどそこに食料品店のアルマンドおじさんが出てきた。ボクは、店の配達用3輪トラック『アペ』の横で、アルマンドおじさんと用もないのに立ち話をすることにした。一点にいたほうが写る可能性が高いと考えたからだ。

しばらくするとトライクは、すでに来た道を戻り始めた。パノラマ映像とはいえ、常に一気に撮れるわけではないようだ。ボクは客でごった返してクソ忙しい時間にもかかわらず話につきあってくれたアルマンドおじさんに手短な礼を言ってから、トライクを早足で追い越した。そして、その先にある広場に向かった。

まずは脇にある池の横に座る。次に、はす向かいにあるモニュメントの下にも座ってみた。トライクの2人と目を合わせないようにしながら、そして先ほどの「ブーン」音を聞きながら、道祖神のごとくじっと座っていた。

ある夏の日、それは突然現れた。右端にいるのがGoogleの手押し撮影車。

その日からボクは何度となくGoogleマップを開いてみた。ところが何カ月たっても、シエナの地図にはストリートビューのサービス対象地域であることを示す人形型アイコン『ペグマン』が立たない。ヨーロッパ中で知られた有名観光地の、ハイシーズンで人通りの多いシエナである。プライバシー保護のために施す、顔面の「ぼかし」処理に手間取っているのだろうと思い、じっくり待つことにした。

ようやくシエナ地図にペグマン現る

ここで話は冒頭に戻る。年始め「あまりにヘタだから、やめろ」と女房から事業仕分けを言い渡されたボクは、ムーンウォークの練習を断念した。そしてうなだれながら、ふとGoogleマップの画面を立ち上げてみた。するとどうだ。シエナ地図にペグマンがしっかりと立っているではないか。サービスが開始されたのだ！　さっそく撮影中にうろついた路地を検索してみる。だが街路にも、広場にも自分の姿が写っていない。悲しくなってきた。ついでにいうと、例の食料品店も店舗こそ写っているものの、アペもアルマン

スタッフは手押し撮影車をかなりゆっくり進めていた。

ドさんも写っていなかった。

失望にうなだれながら、地図上を自宅に向かって辿ることにした。そのときである、広場のモニュメントの下に男がいるではないか。ノースリーブ&生脚ミニスカ女を連れた男が歩く横で、例の緑の長袖を着込んで佇んでいるヤツがいる。間違いなくボクである。思わず「おおーッ！」と、新年で静まりかえった近所に響く雄たけびを上げてしまった。

ストリートビューというのは、たとえ同じ場所でも、ある方向からマウスのクリックを進めてゆくと見えないが、別の方向から進めると見える画像があるようだ。

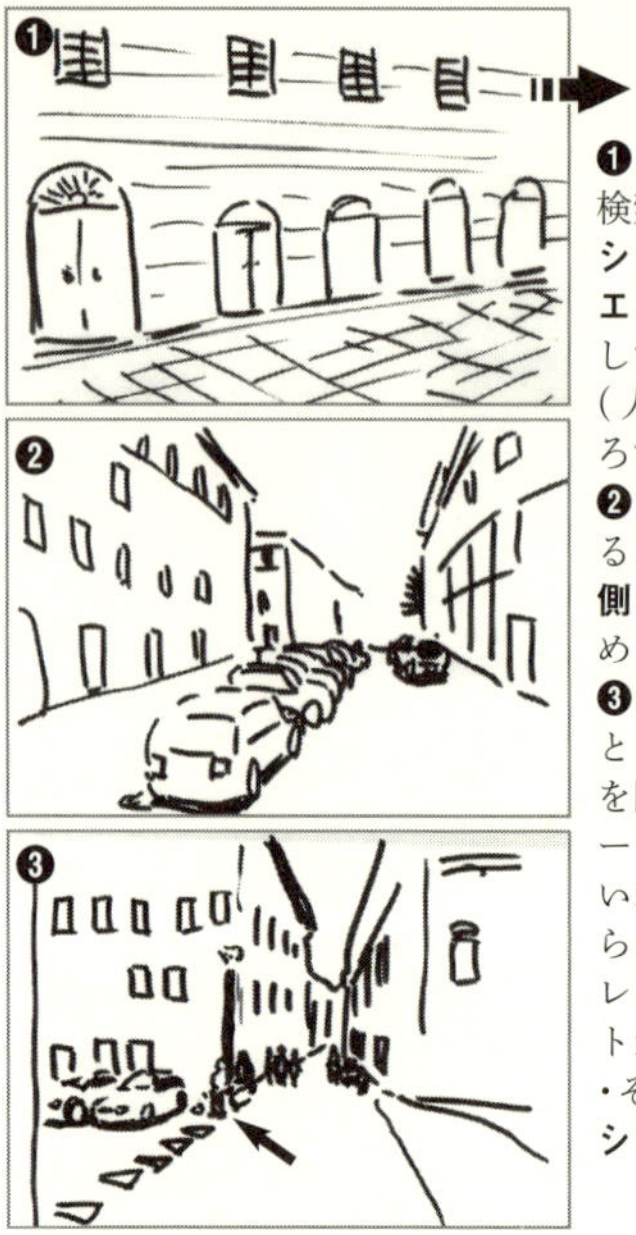

❶Googleマップの検索欄で「**イタリア シエナ オリヴィエラ通り7**」と入力して検索。ペグマン(人形)を正確に降ろす。
❷左に駐車している車を見ながら**南側**にペグマンを進める。
❸坂を上りきったところでペグマンを回転させると、ローマを建国したといわれる「狼に育てられるロムルスとレムス」モニュメントがある。
・その下にいる**緑のシャツ**が筆者。

露出大成功！画面の中の自分の姿を眺めていると、女房から「撮影隊の追跡が足りなかったのよ」と責められながら耐えた5カ月間の労苦が洗い流される気がした。幸先よい年始めである。

惜しいのは、他の通行人同様、顔にしっかりと〝ぼかし〟がかかっていることである。ぜひGoogleには「ぼかし除去申請」も受け付けてほしい、と密かに願っているところだ。

救急車ボランティア

ルーツは13世紀！

日本で行政サービスとしての救急車を運用しているのは、地方自治体の消防機関である。たとえば東京で１１９番をかけるとやって来るのは東京消防庁、つまり消防署に配備されている救急車だ。対してイタリアの救急車は消防署の管轄ではない。誰が運営しているかというと、これがさまざまなのである。

代表的なのは自治体の保険機関が運営しているものだ。イタリアでは、ＡＳＬ《アズル》もしくはＵＳＬ《ウズル》と呼ばれている。日本の保健所が救急車を運用していると思えばわかりやすい。

それだけではない。多くの人道的活動団体・ボランティア団体も、救急車を運用している。言っておくが、日本の民間企業が行なっている転院などのサービスを提供する救急車ではない。怪我や病気をした人のいる所にかけつける救急車である。

イタリア赤十字社がその代表的なものだが、ほかにもフィレンツェを本拠地とするキリスト教慈善団体・ミゼリコルディア会なども救急車を持っている。ボクがイタリアで最初に住んだアパルタメントの前にもミゼリコルディア会があって、深夜であろうと救急車がサイレンを鳴らして発進していったものだ。このミゼリコルディア会、創立は１２４４年と古い。救急車以前は馬車で患者やケガ人を運んでいた。いにしえの隊員は、黒の目出し頭巾を被って救急活動に従事していたという。患者やケガ人からの個人的な感謝を期待しないという、気高い精神を示したものだったそうだ。

知人のブルーノさんは全国チェーンの眼鏡店支店長として8年前ボクの街に赴任してきたおじさんだが、彼も救急隊のボランティアをやっている。「ピサで学生をしていた時代から、すでに35年間も救急隊奉仕を続けている」という。夜8時に店の仕事が終わってから車庫に行って待機する。

たとえ慈善団体の救急車でも運転手だけはプロが務め、道路上では保険機関のものと同等の優先走行が許されている。それでもブルーノさんによると「交差点に差しかかるたび、緊張は最高に達する」という。ちなみにちょっと前、彼が通勤中にバイクで交通事故に遭って転倒してしまったとき「現場で待っていたら、いつもの仲間たちが救急車で来た」そうだ。

「報酬」はバス券だけ

次に紹介する『プッブリカ・アシステンツァ（公共救済。以下ＰＡ）』も１９０４年設立という古い慈善団体で、今日救急車を運用している。こちらでもボランティア歴11年のサーラさんという女性に聞いてみることにした。彼女の場合も会社に勤務する傍ら、退社後や休みの日を利用して救急車に乗務している。

「救急車は原則としてプロのドライバー1名＋ボランティア2名で乗り込みます。現場の必要に応じて、病院からドクターカーも呼びます」

詰め所で待機している間、隊員同士での会話や交流もボランティアの楽しみのようだ。たしかに、救急車の横でトランプやビリヤードをしている光景をボクも見たことがある。

PAシエナ支部を構成するスタッフのうち、職業として任務にあたっている人は1割、あとの9割はボランティアで、その数は約100名というなかには、定年退職後に夫婦でボランティアをしている隊員もいる。

前述のように複数ある団体の救急車が、どのように管理されているのか？　今日では救急車を必要とする人が日本の119番にあたる118番を電話すると集中管理センターがそれを受信し、その時点で待機救急車のある団体の詰め所に出動を要請する仕組みだ。ただしボクがイタリアにやってきた1990年代後半までは、保健所とボランティア団体とでは救急車呼び出し電話番号も違っていた。

プッブリカ・アシステンツァのみなさん。

ところで本当に無報酬なのですか？という質問に「支給されるのは、詰め所まで通うのに要したバス券だけです」とサーラさんは答えた。すでに記したブルーノさんのミゼリコルディア会も、特典は保養地の提携宿が格安になることくらいらしい。寛大な心がないと務まらない。

救急車の車両自体も地元の銀行財団による寄付である。

サーラさんが入隊したのは、クルマを運転中に事故に遭い、救急活動の重要性を実感したのがきっかけだったという。「母親がプロの看護師だったこともありました」と彼女は付け加えた。

隊員になる方法教えます

そのサーラさんをはじめとする隊員一行が救急活動の実演をやるというので、見学させてもらうことにした。会場は地元チューニングカー系イベントの一角だ。これが絶妙な〝式次第〟だった。派手なチューニングカーのデモ走行が行われた直後、中の1台だけがコース上に残された。次に隊員たちは、50ccバイク『チャオ』を倒して、その脇に置いた。交通事故現場の再現である。負傷者役のドライバーとライダーも、それぞれの位置につく。そこに救急車がサイレンを鳴らして

実演の間、解説するサーラさん（左）。

滑り込んできた。そしてサーラさんのマイクによる解説をバックに、隊員たちはハサミで負傷者の衣服を切るところから搬送作業までを模擬展開する。負傷者役にはリアルな血糊までついているので何かと思えば、「負傷者の血液などを通じて隊員が感染症に罹患するのを防ぐのにも細心の注意を払っている」という説明のためだった。

同じ制服を着た若者たちが何人も見学しているので聞けば、研修生のみなさんだった。救急隊ボランティア養成コースは毎年3月に開講している。講座内容は理論と実技で、1週間に2回・約2カ月続けられる。試験は10月だ。サーラさんによれば「最近は80人受講して、受かるのは40人くらい」というから合格率は5割である。合格者は一定期間先輩ボランティアに随行して現場に慣れてゆく。

日本車も役にたっていた

実演が終わると、大きな拍手が沸いた。驚いたのは、さきほどまでチューニングカーを観覧していた若者たちのほとんどが、引き続き熱心に模擬救護に見入っていたことだった。チューニングカー・ショーでやるとは、若者のボランティアへの関心をひきつけるには、なかなかうまい場所選びだと思った。

ボク自身は、こうした救急ボランティアたちが実際に活動する現場を目撃したことが何度もある。新人隊員は担架の扱いひとつとってもたどたどしく、見ているほうが心配になったりする。プロで構成された日本の救急隊と違う点である。ただし、こうしたボランティアが今日でも機能しているというのは、日本人としては驚きを禁じ得ない。

前述のようにボランティア隊員は必要に応じ、医師の乗ったドクターカーも現場に呼ぶ。そのドクターカー、近年は日産製ピックアップ『ナヴァラ』やスバルの『レガシィ』が導入されている。PAシエナ支部は山間地用の救助支援車も所有していて、こちらはカラー123ページにも登場したトヨタ『ハイラックス』である。いずれも4駆でありながら大きな欧州製SUVより取り回しが容易、かつ高速という点が評価されているようだ。

隊員たちの実演中、「いよっ、頑張れ」「いけいけ」などと掛け声をかけながらも何もしなかった筆者は、まるで海老一染之助氏の傘回し曲芸を脇で盛りたてていただけの故・染太郎氏のようで心苦しかった。だが、日本車が思いのほか活躍していることを知り、何やら嬉しくなった。

かくもイタリアの救急車は、ボランティアで成り立っている。そう思うと、少々サイレンがけたたましくても荒々しい運転でも許してあげようという優しい気持ちになってくる。

唯一気になるのは、ミゼリコルディア会は例のガラス張り豪華霊柩車も所有していて、救急車と並んで車庫に入っていることだ。生死の境を彷徨うとき、2台がこんなふうに並んでいて、「キミはどっちに乗るかな?」なんて声が聞こえてくるのだろうか?

あるポストマンのヴェスパ＋チンクエチェント物語

まるでチネマのように

マルコ・アニキーニさん（50歳）と出会ったのは、人口１７００人の村ラッダ・イン・キャンティの村祭りである。一角には『旧車祭』と称して、村人が持ち寄ったクルマやバイクが並べられていた。そこで「郵便・電信」の略号であるＰＴと記された古いヘルメットを抱えてヴェスパの横に立っていたのがマルコさんだった。聞けば、本物の郵便配達だった。小さな村ゆえ、「郵便配達のマルコ」といえば、みんなが知っている。

マルコさんは約30年前、郵便配達の仕事を見つけた。彼はさっそく中古の１９７７年型ヴェスパを調達した。当時、郵便配達のバイクは〝自前〟だったのだ。ヘルメットは初日に上司から渡された。映画『イル・ポスティーノ』（１９９４年）で、主人公が島の郵便配達の職を得て、制帽を与えられる場面を彷彿とさせる話だ。そして、これまた『イル・ポスティーノ』の主人公の如く、マルコさんは私服のまま郵便配達を始めた。

結局彼は、自前バイク制度が廃止され、本局から車両が支給されるようになった数年前まで、そのヴェスパ１台で25年間配達をこなしていたという。走行距離は10万km超と思われる。「思われる」としたのは、計器が一切ない超スタンダード仕様だからである。

現在までに再塗装はしていないが、今もコンディションは良好。長年の手入れが偲ばれる。

息子に譲りたい

数年前、マルコさんは1台のクルマを入手した。2代めフィアット・チンクエチェントである。自分の生まれ歳と同じ1957年に発表されたクルマであり、運転の手ほどきを受けた思い出のクルマだからだ。ある家の

マルコさんと、彼が25年乗ったヴェスパにまたがる息子のアレッサンドロ君。

納屋に眠っていた1967年型を円にして約8万円で譲ってもらい、気がつけばオリジナル色の再塗装をはじめ4倍の費用を修復に注ぎ込んでいた。インテリアはこれからの宿題である。

ナンバープレートは新車当時のままだ。イタリアでは所有者および所有者の居住地が変わっても、オリジナルナンバーを維持できる。参考までにマルコさんによれば「一旦廃車にされて、現行の横長ナンバーを付けられたチンクエチェントは、価値が半分になっちゃう」らしい。

ところで彼には、アレッサンドロ君という息子がいる。今年13歳。来年から原付に乗れる。マルコさんとしては、雨降る日も風吹く日も走り続け、家庭を支えたヴェスパに乗せたい。「でも今のこいつは、カッコいいオフロード・バイクに早く乗りたくて仕方ないんだよ」

ふと祭りに展示されたマルコさんのチンクエチェントを見ると、脇で若者たちが携帯のカメラで記念撮影して楽しんでいる。新型チンクエチェント発表を機に、人々の間で〝元祖〟に対する関心も高まっているのだ。ヴェスパはNGでも、やがてアレッサンドロ君が「オヤジ、チンクエチェントに乗せてくれよ」と照れながら告げる日が来るだろう。そのときには、マルコさんは喜んでキーを渡すに違いない。

バイク馬鹿やってた、あの頃

元旦の食後に

ここ数年、我が家の大晦日は決まっている。

まず、ドイツの放送局ZDFが放映する指揮者兼ヴァイオリニスト、アンドレ・リュウの賑やかなコンサートを観る。それが終わるとフランスの放送局にチャネルを切り替え、歌手パトリック・セバスティアンがするキャバレー・ショーでカウントダウンする。

そんなことを繰り返して年を越しているボクを哀れに思ったのだろう。会社員のアンドレア(52歳)が、元旦から家に呼んでくれた。食事のあと、アンドレアが高校生活を送った1970年代後半の話になった。

当時から乗り物好きだった彼は、百科事典の訪問販売員をしていた父親のスクーターで勝手に乗りだしては、バイク仲間に入れてもらっていたという。

「親父のスクーターは風防が付いていた。それじゃ格好悪いので、友達と会うときは毎回ビスを外して風防を取って、帰ってくるとまたこっそり付けておいたものだよ」

シエナを象徴するカンポ広場で、警察官の目を盗んでは、サーキットごっこを繰り返した。

「メンバーの中には、ナンニーニもいたよ」と彼は証言する。のちにF1ドライバーとなるアレッサンドロ・ナンニーニである。

高校の授業よりも格段に楽しかった。「おかげで、2回も落第しちゃったんだ」とアンドレアは、薄くなった頭髪を掻いて照れる。それでも、親は一人っ子のアンドレアが可愛かったのだろう、ある日、アンドレアに新車のバイクがプレゼントされた。緑色のホンダCB350FOURだった。「イタリア製のバイクに比べて、格段に静かだったね」とアンドレアは振り返る。価格は105万リラだった。当時初任給の平均が25万リラだったというから、その3・5～4・2倍である。まわりの友達の大半はピアッジョ・チャオやヴェスパが愛車だったので、いわば一気に大逆転であった。

ある賭け

そんなある日アンドレアは、ある賭けを思いついた。「1日のうちに、バイクでモナコ公国のモンテカルロを往復できるか」というものだった。モンテカルロまでは476kmの道のりである。クラスメイトの十数人が賭けに参加してくれた。

翌日、1977年4月26日の朝7時半、アンドレアともう1人の友人は、各自のバイクにまたがってシエナを旅立った。まだ本当のライダース・ジャケットを持っていなかったので、ツナギにヘルメットといういでたちだった。

まずは一般道で海岸に向かい、そこからジェノヴァまで海沿いのアウトストラーダ（高速道路）をひた走った。そして、国境沿いの街ヴェンティミリアからは、ふたたび高速道路を降りて、一般道を辿ることにした。

「当時は今とは逆に、アウトストラーダのほうが国境検問が厳格だった。長い車列ができていると聞いていたんだ。それじゃ1日のうちに帰れない、つまり負けると思ったからさ」

〝したみち〟の国境を無事通過してフランスに入ってからはモナコまで、あと10数㎞だ。アンドレアと友人はスロットルを回し続けた。

何事もなかったかのように

そして出発から5時間半後の午後2時、2人は無事モンテカルロに辿り着いた。彼らは駅の売店に行き、以前アンドレアの父がフランス出張で持ち帰ってきたフラン硬貨で絵葉書2枚と新聞を購入した。

「葉書は友達に出したのさ。2枚にしたのはイタリアの郵便事情が悪くて、紛失されてしまっては、元も子もないからだよ」

新聞は〝実際にモナコまで来た〟という証拠を、より確かなものにするためだった。「カメラも携帯電話もない時代に、こうするしか来たことを証明できなかったんだ」

葉書と一緒に買ったサンドイッチを数分で平らげた2人は、ふたたびバイクにまたがり、今度は帰路をめざした。わずか20分のモナコ滞在だった。

アンドレアのアルバムより。これは後年就職してから。

「陽が落ちてだんだん寒さがたまらなくなってきた。しかたないのでモナコで買った新聞をツナギの腹に入れて走り続けたね」

メーター上で最高時速160kmを出したのは憶えている。

夜7時過ぎ、ルートの途中にある友人宅から、自宅に「友達の家にいて遅くなる」旨の電話を入れた。親への「アリバイづくり」である。

そして夜8時半。たった1日で952kmを走り終え、シエナに帰着した。

アンドレアはCB350fourを自宅の車庫に収め、今日一日何事もなかったかのように自宅の扉を開け、何も知らない両親とともに夕食を食べた。

記録によると、かかった費用は燃料代8000リラと通行料その他で合計1万5000リラだった。先ほどの初任給から概算すると、現在の1万円くらいである。賭けに勝っても、元がとれない額だ。それでもアンドレアの心の中は、なにやら達成感で満たされていた。

そんな無鉄砲な賭けから34年。話をしていたら、アンドレアの奥さんがテーブルを片付け始めた。彼女の顔には「馬鹿ねえ」と書いてあった。大学生の娘も相手にしていない。今やそんな境遇のアンドレアが自室にボクを招き、そっと見せてくれたのが前ページの写真である。

彼の顔に「お前なら、わかってくれるよな。この〝ノリ〟」と書いてあったのは、いうまでもない。

第5章 バカンスでシアワセ

大矢アキオの横丁スナップ　バカンス篇

イタリアにも格安航空が続々就航。それに合わせて盛況な診察科目は？
(P.208)

“チンクエチェント体験プラン”のあるホテルに泊まってみた
(P.190)

アットホームなイタリア式民宿（P.196）

大矢アキオの横丁スナップ **バカンス篇**

←イタリア式ハイウェイラジオに耳を傾けろ！ (P.200)

サンダル&キスまで禁止の夏季限定条例

8カ月前から決めるなよ

イタリアにおける公立学校の夏休みは長い。州によって違いはあるが、たとえばボクが住むトスカーナ州の場合、6月中旬から9月中旬まで約3カ月半である。

この季節、シエナの我が家には各地から知人がやってくる。狭い家に大家族で押し掛けてくるものだから、みんなで食事すると東京の朝の通勤ラッシュ状態になる。

しかしそれ以前に困ることがある。「みんな、早くから夏休みの日程を決めて来る」ことだ。北部で教師をしている夫婦は、早くも前年夏に「来年はシエナに行くからな!」と宣言した。そしてクリスマス前、つまり8カ月前には詳細日程をばっちり決めていた。

同じく北部の銀行員一家も同じだった。正月彼らの自宅で食事をしていると、いきなり「今年のバカンスはシエナに決めたぞ!待っててくれよな」と嬉しそうに言われた。こちらも7カ月先である。いずれも旅行代理店のパンフレット並みに行動計画を決めている。

サラリーマンの彼らと違い、「行くからな!」と言われたって、ボクは目先の原稿料に目が眩み、明日どこにフラフラと取材に旅立つともわからない流浪の身である。8カ月先の予定など言われても困る。

それに彼らのシエナ滞在は、最低でも2週間だ。居留守を使おうにも限界がある。日本人からすると、まったくもって羨ましいというか、悔しいというか、である。

ユニークな条例あれこれ

ところでイタリアでは夏の間、各地の街で、さまざまな条例が施行される。2009年のデータによると、イタリア国内で施行された夏期限定条例や市長令は、556にのぼったという。イタリアの新聞『コリエッレ・デッラ・セーラ』2008年8月13日付け電子版などを見ても、各地でさまざまな規制があることがわかる。リヴィエラ海岸のレリチという街では、夏の間タオルを外に干すのを禁止した。景観維持が目的という。ボクなどは、海沿いの貸しアパートやホテルのベランダに旗めくビーチタオルは、イタリアにおける夏の一風物詩であると思うのだが、見る人にとっては鮮やかすぎるのだろう。タオルといえば、シーロロという海岸では、ビーチタオルでの「場所とり」を禁じた。日本のお花見のブルーシート同様、砂浜での場所とりは、ときに行き過ぎるからだ。

水の都として有名なヴェネツィア県では、海岸の遊びについて規制がある。まず「砂浜でのボール遊び禁止」だ。キャッチし損なったボールが飛んでいって、人に迷惑をかけるのを防ぐためである。

砂で「城」を作るのも禁止だ。これがなぜいけないかについては、あとで詳しく説明しよう。

おしゃれなリゾートとして知られる南部カプリやポジターノでは少し前から夏の間、街路の一部で木製のサンダルを履いて歩くことを禁じている。また、ボクが住むトスカーナ州のフォルテ・デイ・マルミという村では、夏の間、午後の草刈りを禁じている。さらにアドリア海沿いのラヴェンナでは、午後1時から4時まで大音量の音楽は禁止だ。これらの条例における共通の理由はといえば、ずばり「安眠」である。サンダルのコツコツ音や草刈り機のモーター音、さらに音楽で、昼寝を妨害されることがないようにというわけだ。

歌曲「帰れソレントへ」で有名なソレントの条例も面白い。「大道芸人は、

アドリア海沿いの名物ビーチ、リッチョーネにて。

同じ場所に15分以上いてはいけない。少なくとも５００メートル移動すること」というものだ。路上パフォーマンスが行なわれる近くの商店や民家に配慮したものである。

いっぽう夏は恋人たちの季節にもかかわらず、こんな条例もある。南部カンパーニャ州のエボリという村ではクルマの中でキス行為をした場合、反則金50ユーロから５００ユーロ（円にしておよそ５３００円から５万３０００円）を課す条例が数年前から施行されている。ボクなどは「いちゃつく姿が目に余ったのか？」と思いきや、カップルが不良少年たちに襲われるのを防ぐのが第一目的だという。類似するものでは、北部ノヴァラの街で「23時30分以降、公園に２人以上でいてはならない」という市長令が２００８年に施行された。

こちらも騒がしい若者の集会防止や治安向上が目的だろうが、イタリアでは「粋じゃない条例」として論議を呼んだ。

砂城の楼閣にやられた！

ところで冒頭の先生をしているお父さんは我が家にやってきて椅子から立ち上がったとき、いきなり「イテテテテ」と呻き声をあげた。どうしたのかと聞けば、砂浜で挫《くじ》いてしまったのだという。目の前にいきなり穴が開いていて、踏み込んでしまったらしい。

そこで、先ほどの砂の城に話が繋がる。こちらの子供が作る砂の城は西洋風の城塞だ。まずバケツに砂を詰めてひっくり返し、プリンのような形を四つ抜く。次にそれらを繋ぐ城壁を作り、最後に周囲の土を掘って濠を作って海水を導き入れる。

それだけ気合いを入れた作でありながら、作った本人たちは大抵放置して帰ってしまう。そのため掘られた穴や濠に足をすくわれてケガをする人があとを絶たず、ついに砂城禁止海岸出現となったのだ。

その晩ボクは日本から持ってきた貴重な湿布薬を、惜しみつつも先生の足のために提供した。見ると、彼の奥さんもいつになく彼のことを心配し、献身的に介護していた。何か変だなーと思っていたら、理由は後日わかった。

奥さんから電話がかかってきて、日本製湿布薬の感謝とともに、「もし、あれで旦那が足が痛くて運転できなかったら、私が帰り道ずっと運転しなくちゃいけなかったんだから」と言うではないか。彼女としては、貴重なお抱えドライバーを失わずに済んだというわけだったのだ。

「指圧禁止令」も出た！これがイタリア式ビーチだ

「シャ〜ツ」はいかが？

前項をお読み頂いてお察しのように、イタリア人にとって海は昔も今も最大のバカンス先である。しかしイタリア厚生労働省は２００９年夏、ある省令を交付した。何かといえば「マッサージ禁止」である。

イタリアの海水浴場では近年、有料でマッサージを施す人が現れるようになった。水着で砂浜やデッキチェアに寝ている観光客の間を巡回しては、指圧などのマッサージを行なうのである。やっているのは主に中国系の女性だ。省令は「衛生知識や療養に対する基礎知識のない者が、マッサージを行なうことによる弊害を食い止める」というのが目的であるという。

しかしながら海岸でイタリア人を観察していると、このマッサージを依頼している人は少なくない。そこそこ好評なのだ。参考までにイタリアで「指圧」は「シャ〜ツ」などと発音され、かなりその存在が知られている。だから海岸でマッサージをして稼ぐ人たちも「シャ〜ツ、シャ〜ツ！」などと声をかけてくる。

頼んだことのある知人アンナマリアから聞いたところ、大抵価格は円にして２０００円前後らしい。それでいて観察していると、施術時間は日本のマッサージよりかなり長い。人々はマ

リグリア海岸で。水着、タオル、パレオなどを売る外国人。

ッサージが、いわゆる「もぐり」であることをわかっていながら、海辺でのリラックスを求めて、つい頼んでしまうのだ。

実をいうと、マッサージ禁止令が発表されたとき、正規マッサージ師の養成講座を支援し、7000人の新規雇用を創出する構想も同時発表された。禁止令は、正規のマッサージ師の権益を守る目的もあったようだ。

海辺のエンターテインメント

イタリアの海岸で寝ていると、他にもいろいろな行商人がやってくる。サングラス、ビーチタオル、水着、アイスクリーム、さらにはサンドレス(昭和初期でいうアッパッパ)も売りに来る。そうかと思うと、砂浜で寝そべっていたボクのもとに、イタリア人の手作りハチミツ売りおじさんがやってきたこともあった。猛暑の中、カゴの中に入れた商品は重そうで、思わず手伝ってあげたくなった。

アフリカ系の行商人たちは木彫りの人形、手編みのカゴなど、自分たちの国の民芸品を売りに来る。マッサージ同様彼らもイタリア人に引き止められ、商品を広げていたりする。

いずれもイタリア人の多くはそうした行商の人たちを鬱陶しいというより、退屈しのぎや海辺のエンターテインメントとしてポジティヴにとらえているのが面白い。その証拠にもボクの知り合いは、そうやって海でアフリカの人から買った絵をかなり立派な額に入れ、家のリビングに装飾として飾っている。

欧州屈指の高さ！に参った

しかしながら、近頃問題になっているのは、イタリアの海岸における物価の高さだ。コーダコンスという消費者団体が2009年夏に調査したところによると、イタリアの海水浴場を日帰りで楽しむための費用は、貸しデッキチェア2脚、貸しビーチパラソル、ミネラルウォーター2本、サンドイッチ2個で、日本円にしてカップルで4700円から6700円かかる。同様のレンタルと軽食でクロアチアなら2700円、ギリシアなら3000円で済むのと比べると、明らかに高額というのが消費者団体の指摘だ。

したがって、わが家なども女房と海に出かけるときは、ビーチタオル、ビーチパラソル持参で、食べ物も手弁当である。

それでも飛行機などで旅行する場合はパラソルを持ってゆけず、やむなく借りることがある。そうしたときは、なくしたり壊されたりした場合の保証金を要求される。にもかかわらず貸してくれるパラソルはといえば、アイスクリームの広告が書かれた、長年酷使されたと思われる貧弱なものである。したがって強風が吹いてくると、あっさり飛ばされそうになる。返せないと、たとえボロ傘とはいえ保証金が没収されてしまう。そこでボクは最初、パラソルに紐の一端をくくりつけ、もう一端を持って来たカバンに縛りつけておくという奇策を考えたのだが、それでもバッグごと風に持って行かれそうになった。

仕方がないので自分の腕にパラソルから伸びた紐を縛り付けて、寝ていることにした。しかし隣のパラソルをふと見ると、どこかの犬が自分と同じように繋がれていて、目が合ってしまった。思わず泣けてきたボクだった。

面白うてやがて悲しきキャンプ場

美容院から教会まである

ゆったりした夏休みをとるイタリアだが、景気後退の煽りを受けて近年は各地で観光客が減少している。

そうした中、同様に需要の落ち込みがみられるものの、中高年にまだまだ根強い人気を保っているのがキャンプ場である。

キャンプ場といえば、前著『Ｈｏｔするイタリア』のなかで、30万円で「別荘」持ちになった夫妻を紹介した。要約すると、我が町でガソリンスタンドを営むジュゼッペ＆マリア夫妻はここ十数年、毎年キャンプ場の一区画を5カ月にわたり約２５００ユーロ（約30万円）で借りている。期間中は毎週末に家から通ってきては過ごしている、というものだ。

そのときは彼らの意外な別荘感覚満喫法に驚いたところで終わったが、ボクと女房はあらためて彼らを訪ね、イタリア式キャンプ場をより深く観察してみることにした。

彼らのキャンプ場は、ボクが住むシエナからクルマで１３０㎞のところにあって、海岸から20数㎞先にはナポレオンの流刑地として有名なエルバ島が望める。

キャンプ場に到着し、ボクが駐車場から携帯電話で連絡すると、短パン姿のジュゼッペが正門まで迎えに来てくれた。彼は「営業期間とほぼ同じ5月中旬から10月中旬までほとんど毎週末に来てるんだ。加えて、8月半ばの2週間はずっと滞在してるよ」と説明する。

ジュゼッペ夫妻に割り当てられた区画に到達するまでの沿道には、さまざまな施設が立ち並んでいる。

レストラン、ピッツェリア、小さなスーパーマーケットのほかに、精肉店や魚店まである。それどころか美容院や礼拝堂まで建っている。礼拝堂の貼り紙を見ると、きちんとミサも行なわれている〝本格派〟であることがわかった。さらに驚いたことに、油絵やリトグラフを売っている画廊まである。

限りなく建造物

ジュゼッペ&マリア夫妻がいる長期滞在者用キャンプ区画も気合いが入っている。キャンピングカーが置いてある敷地は、わが家の3DKアパートよりも広い。

キャンピングカーとは別に大型テントが張ってありダブルベッドが備わっているので、「これ、何のためですか」と聞くと、「キャンピングカーの中が暑い夜用だよ」と教えてくれた。

さらにキャンピングカーとテントの間を往復しやすいよう、これまた別の鉄骨テントで双方を覆ってある。脇には調理場用のミニテントまで設営されていて、バーベキューセットはもちろん、流し台、オーブン、冷蔵庫まで運び込まれている。限りなく建造物に近い。ボクなどは

これがジュゼッペさんの夏の城。

「来年は2階建てになっていても、おかしくないゾ」と思った。

周囲を見回すと、ビニール製の網でぐるっと「塀」まで作ってあるではないか。〝隣家〟を見渡すと同様に囲いがある。「網はキャンプ場内の売店で簡単に調達できる」のだそうだ。

ただし、お隣さんとの間に小さな戸が作ってあるのでジュゼッペに聞けば「仲良くなったので、開けたのだ」そうだ。国境開放といったところである。

各戸とも入口に花のアーチを造ったり風見鶏を立てたり、と競うように区画を飾っている。もはや一般家庭である。さきほどの画廊はお土産が主だろうが、「もしやキャンピングカーやテントの中に飾るために買う客もいるんじゃないか？」とさえ思えてきた。

娘たちは海外へ

昼になってマリアが作ってくれたのは、第1の皿のスパゲッティ、第2の皿が魚だった。キャンプ場といえどもやっぱりパスタ料理を含むコースを欠かさないところが、イタリア人である。

オリーブオイルやハーブ類が足りなくなると、お隣さんたちと融通しあう。実は、彼らの親戚も近くにテントを張っていて、呼んだり呼ばれたりして食べる。長屋感覚である。夜は11時近くまで、彼らやご近所さんとお喋りをして過ごす。

ところで、ジュゼッペ&マリア夫妻にはお嬢さん2人がいる。

「こんな素敵なキャンプ場がいつでもあれば、お嬢さんたちも楽しいでしょう？」と言うと、

「今や彼氏とアフリカだ、南米だと、夏休みは海外に行ってしまうんだよ」とジュゼッペは寂しそうに答えた。昔、夫妻が子供たちと一緒にここで過ごした情景が容易に思い浮かぶだけに、さらにホロリとくる。

ここで一句。面白うて、やがて悲しきキャンプ場。

チンクエチェント旅館にいらっしゃい

お客に「このホテル買わないか？」

イタリアのホテルは、バラエティに富んでいる。業界団体『フェデルアルベルギ』によれば、イタリアには簡素な１つ星から豪華な５つ星まで計３万３０００軒、２０８万ベッドあるという。最多は３つ星だそうだ。

イタリアのホテルで、まず必要なのはイタリア人・外国人問わずパスポートもしくは身分証明書を預けることである。これはマフィアの犯罪対策である。ホテルはコピーをとって所轄の警察に提出する義務があるのだ。

エレベーターは、外側・内側の扉とも手で開いて乗る旧式なものが今日でも時折ある。もちろん、双方の扉の高さが合致しないと開かない安全装置付きだ。ただし慣れないと、普通のエレベーターのつもりで、希望階に着いてもつい開くのをぼやっと待ってしまう。

客室階の廊下にある電灯は、スイッチを入れて一定の分数が過ぎるとタイマーで消灯してしまうものがかなり普及している。これあたりは、日本でも取り入れるべきだろう。

部屋で驚くのは、シャワーはあっても浴槽付きの部屋が少ないことだ。欧州の人は一般的に湯船にゆったり浸かって体を暖める習慣がないことが背景にある。実際、ホテルにバスタブがなくてまいったという声は聞いたことがない。たとえ浴槽があっても、ボクが泊まるような安宿では、2人めが入る頃には水になってしまうことがある。これは湯船を何回も満たし、かつ体を流すだけの湯を供給するポテンシャルのボイラーが付いていないからに他ならない。というか、必要ないのだ。

ある5つ星の超高級ホテルを仕事で見せてもらったときもシャワーだけだった。聞けば「浴槽があるのは、ゴルバチョフ旧ロシア大統領が宿泊したスイートルームだけ」らしい。

バスタブといえば、あるホテルに勤務する女性スタッフがボクに嘆いた。彼女いわく、日本人観光客の需要を掘り起こすべく、日本の旅行代理店に売り込みをかけたところ、「浴槽がなくて断られた」という。ちなみに彼女が働くホテルは、その昔は修道院、そのあとは病院になって、いわば昔の病室を客室にしたという、なかなか面白い宿なのだが。

朝食は大都市の外国人向け大型ホテルを除き、イタリア人の食習慣を反映して軽めだ。パンとジャムやハチミツが置いてあるだけのこともある。ただしウエイターに好きなコーヒーを頼むとメーカーで入れてくれる。その沸かし音は、イタリアのホテルにおける朝の活気でもある。

いっぽうイタリアの宿といえば、ひとつの「ミステリー」がある。隣り合った2軒の宿なのに、中にいる従業員は同じことがあるのだ。ボクもミラノやモデナで、それを目撃して驚いた。

やがてわかったのは、イタリアの宿泊施設に関する法律では、隣接する宿を買い取って中を繋げたとしても、違う番地名の玄関がある以上、名前を替えるのは簡単なことではない、ということだった。そのため、別々の名前に留めておくのだ。ボクが聞いたそうしたホテルの経営者たちは、いずれも「融通のきかない硬直化した法律の弊害だよ」と口を揃えて怒っていた。

こんな体験もあった。スキーで泊まった北部トリノ県の宿でのことだ。インターネット予約できたのでモダーンな宿かと思いきや、行ってみるとえらく廃れた宿だった。泊まっているのは、シーズン真っ最中というのに、我が家の他に1組だけだった。翌朝、会計を済ますと、「ちょっと待って」と受付のおばあさんから呼び止められた。そしてこう言われたのだ。

「このホテル、まるごと買わないかい?」

たとえボクが穴の空いたセーターを着ていても、最近イタリアで目立つ、東洋系実業家に間違えられたのだろう。おばあさんによれば、1960年代に家族で建てたそのホテル、経済成長に乗って繁盛したが、その後は設備の老朽化にともない、客足が遠のいてしまった。トリノ五輪のときこそ、選手団の指定ホテルになって潤ったのだそうだが、その後は再びぱったりと客足が途絶えてしまったのだという。旦那も亡くなって、今や息子が手伝ってくれるだけらしい。インターネット予約は、その息子が母親の窮状を察して始めたのだろう。思わずおばあさんの話を聞き込んでしまい、休暇だというのに、しみじみとしてしまったのであった。

チンクエチェント体験500ユーロ

いろいろと書き連ねたが、楽しい体験をさせてくれた宿だってある。

ある日ボクのもとに『５００（チンクエチェント）エクスペリエンス』というタイトルの案内状が舞い込んだ。差出人はトリノから約50㎞、バルジェという町にある『アルテルホテル』だ。フィアット・チンクエチェントのワゴン仕様『ジャルディニエラ』を運転してピクニックする、週末2泊朝夕食付きプランという。料金は車名にあやかり、ペアで５００ユーロである。行きつけのガソリンスタンドの親父に話すと、「イタリアに12年も住んでて、まだ乗ったことないのか？」と挑発的発言をする。ボクはムッとしたついでに、その〝チンクエチェント旅館〟に予約を入れた。

到着後ウェルカムドリンクもそこそこに、オーナー兼支配人のルチアーノ氏が地下に案内する。そこには戦前型フィアット6台を収めたガレージがあった。

「フィアットを創業したアニエッリ家の祖先は、この一帯の森林地方出身といわれています」。そんなご縁で彼もフィアットに親近感を抱くようになったらしい。

明日乗るジャルディニエラは赤だが、もとは白だったという。「当時、赤は共産主義者の色として、敬遠する向きが多かったそうですよ」とルチアーノ氏は笑う。そんな彼のクルマ談義を聞いているうち、気がつけば夜9時をまわっていた。

「５００エクスペリエンス」は新型チンクエチェント人気の便乗企画と思いきや、実はクルマ好き主人によるクルマ好き向け企画だったのである。

翌朝朝食を済ませると、早くもルチアーノ氏がレクチャーのため待機していた。

まずはエンジン始動から。助手席との間にあるチョークレバーを引いておき、ダッシュボードのキーを右にひねったあと、チョークの右にあるスターターレバーを一瞬だけ引いて始動させる。すると背後からルルルルとエンジン音が上がった。

テールゲートを開けて床板を上げると、90度倒して搭載された2気筒エンジンが現れた。心臓が鼓動を打つ如くプルンプルンと揺れている。

藤籠に入ったランチを受け取ったあと、早速おすすめコースを辿る。現代の交通に乗ろうとすると、3速では騒々しいうえ遅い。といって4速では緊急時のトルクが足りない。最高速もメーター上で90km／hにようやく届く程度だ。したがって普通に走るフィアット・パンダがフェラーリに見え

“チンクエチェント旅館”スタッフ全員集合！

る。でもこのクルマに乗っていると、なぜか「勝手に追い抜いてヨ」という平和な気持ちになる。いわば戦争放棄である。そのうえ日頃アグレッシヴな運転をする周囲のイタリア人ドライバーも、このクルマに対しては心なしか優しい。

突然、キャンバストップが風に煽られてパカッと開いた。留め具を掛け忘れていたのだ。その昔、初めてチンクエチェントでバカンスに旅立った家族は、ここで大笑いが巻き起こったに違いない。村から村への移動なら、現在でもこのクルマで十分こなせる。今もチンクエチェントに乗るおじいさんがいる理由がわかってくる。そればかりか帰着時間の18時になる頃には、ボクも1台チンクエチェントが欲しくなっていた。ルルルルと歌うようなエンジン音は、その晩布団に入ったあとも、子守唄のごとくボクの頭の中で反芻されていた。

翌日、家に帰りがてら例のスタンドに寄る。すると親父が「コレ、覚えたか?」と言いながら、チョークとスターターをいじる身振りをして嬉しそうに頷いていた。

イタリアで多くの人が知る「お作法」。それを知ったことで、いっぱしのイタリア人に昇格した気分になれた、ちょっと幸せな週末だった。小さなイタリアのホテルの、小粋な企画に感謝した。

イタリア式　民宿は楽し

ご近所がいきなりB&Bに

すでに記したホテルのほかに、イタリアにおける宿泊施設のタイプにB&B（ベッド&ブレックファスト）がある。

B&Bは停滞気味のイタリア観光産業のなかで、珍しく活況を呈し、次々と開業が続いている宿泊スタイルである。旅行に詳しい方ならご存知のとおり、B&Bとは、もともとイギリスが発祥といわれる、寝室と朝ごはんを提供する、いわば民宿である。

イタリアでB&Bの定義は州ごとに決められている。ボクが住むトスカーナ州の場合、「6部屋以下・収容人員12人以下のアッフィッタカーメレ（貸し部屋）で、朝食も提供する」ものをB&Bと定めている。ホテルを開業するよりも僅かな設備投資で始められるのが魅力だ。自治体によっては、地域経済振興のために開業奨励金が出るところもあって、ブームに拍車がかかった。組合に加盟しない人もいるので定かではないが、ボクが住むシエナ県には優に200以上のB&Bがあるという。

たしかに町内の一般家屋が、ある日突然B&Bとなっていたりすることがある。ご近所さんですら、よく見ていないと、お隣がB&Bを始めたのを知らなかったりする。知り合いの税理士の家も、イラストレーターの家も数年前からB＆Bを始めた。

イタリアでB＆Bを営む家族が加盟する組合は1999年に創立され、サービス向上のほか、開業指導なども行なっている。その客層分析によると、79％が若いカップルで平均滞在日数は2・5泊だ。客は外国人が大半か？というボクの予想とは裏腹に、81％がイタリア人だ。ちなみに、2位はドイツ人、3位は北ヨーロッパ諸国の人、4位アメリカ人と続く。料金は、1泊2人1部屋朝食付きで60～80ユーロ（およそ6000円から8000円）といったところである。

開業ブームの背景

開業ブームの背景にあるものは何か、ボクは考えてみた。それはB＆Bを営むイタリア人の大半が熟年層であることにある。彼らの世代は、子ども時代から大家族で過ごした経験がある。彼らは親から家を相続したものの自分の子供も巣立ってしまい、今や夫婦だけで住んでいるか独居していて、家の広さをもて余している人が多い。また伴侶が一人っ子で、親が持っていた家をまるごと相続してしまい、これまた持て余している人もいる。B＆Bを始めるに相応しい家が、あらかじめ存在するのだ。

加えてイタリアには、親戚や友達を気軽に呼んで、もてなす文化が昔から定着している。前項でも記したように、イタリア式朝食の簡単さもある。ビスケットとジャム、そしてコーヒーといったところだから「ブレックファスト」といっても手間がかからない。

イタリア人のおじさんが日曜大工好きであることもB&B経営に向いている。部屋をB&B向きに改装するのも、お手の物だからだ。そればかりかシチリアに行ったとき、「来年には、もう1軒隣に増えるぞ」と言って、自ら煉瓦を積み上げていたB&Bの主もいた。

もてなしさまざま

イタリアのB&Bはホテル以上に、それぞれ施設やサービスに特色がある。ある海沿いのB&Bは、倉庫と見まごうかのような建物の中に高級ホテル並みのジェットバスが付いていた。

ローマ近郊では、「近くに食堂がないから」といって、遠くのおすすめ店まで主のクルマで連れていってくれ、食べ終わった頃に、また来てくれたB&Bもあった。

「ぜひご協力ください」と、お客様アンケートがある家もあった。庭の池まで「5段階評価する」ようになっている。これはさすがに気合が入りすぎであった。

そうかと思うと、ミラノ郊外のアレーゼで「結婚した娘の部屋」というところに泊まり、お人形やぬいぐるみに包囲されながら眠ったこともあった。

その家のご先祖の顔が入った写真立てが並んだ横で寝るB&Bもあった。

少し前に、ボクが北部スイス国境沿いの町で泊まったB&Bも印象的だった。この夫婦も、2

人の子どもたちが独立したあと、大きい家をもて余していたのが開業の理由だ。掃除も念入りで、家に対する愛情が感じられる。お客のボクとしては「きれいに使わねば」というプレッシャーを感じざるを得ない。しかしながら、日本人が珍しかったのだろう。出発前になって、突然彼らの家の前で、夫妻と記念写真を撮ることになった。

そんなことをしていると、ついに「昼も一緒に食べてから行きなさい」ということになってしまった。「そんなにしていただかなくて、いいですよ」と恐縮したのだが、「遠慮するな」と言う。押し問答をしているうちに、別の家に住んでいる彼らのお父さんまで、わざわざ来てしまった。

あっという間に、テーブルにはさまざまな料理が広げられた。もう、ちょっとやそっとでは帰れない状況のなか、お昼をごちそうになった。

なお、ふたたびB&B組合によると、もはや59%のお客さんがインターネットで見つけたり、予約したりするという。だがボクの経験では、ウェブサイトはおろかメールアドレスすらなく、「問い合わせと予約は電話のみ」というB&Bのほうが、妙に客ずれしておらず家庭ムードが味わえた気がする。

ちなみに、先ほどの国境沿いの夫婦、最初の日ボクがわからないといけないので、到着時刻頃、外に立ってずっと待っていてくれた。愛せよ、イタリアのB&B、である。

交通情報はリスニング練習だ!

イタリア版ハイウェイラジオ

ボクは日本のテレビに出てくる「日本道路交通情報センター」のお姉さんたちが好きである。まず独特の、こもったボイスにしびれる。同時に個人的には、列車運行情報に出てくる「JR東日本輸送司令室」のお姉さんたちより、なぜか都会的に映る。

イタリア民放テレビにおける朝の交通情報は渋滞地点の図と稚拙なCG画像だけで、人は出てこない。アナウンス音声もおじさんの場合が多い。まったくもって色気がない。公営テレビの交通情報には女性が解説するときもあるが、ちょっと「だみ声」で旅心が失せる。

いっぽう、「イソラジオ」という交通情報専門放送がある。ボクは10年来頭の中で「磯ラジオ」と勝手な漢字を当てはめ、その名を聞くたびサザエさんの磯野家を想像していたのだが、今回初めて意味を調べてみた。「ｉｓｏ」とは「等しい」を意味し、「全国どこでも同じ周波数」であることを示したものという。日本のハイウェイラジオが原則として全国ＡＭ１６２０ＫＨｚに放送されているのと同様、たしかにイソラジオもほとんどの地域でＦＭの１０３・３ＭＨｚだ。この周波数はアウトストラーダ（高速道路）を走っていると頻繁に路肩に表示してある。

ただしこのイソラジオ、日本のハイウェイラジオと違うのは高速道路会社が放送しているのではなく、公営放送局RAIが道路関係団体の情報を入手しながら放送しているということだ。したがって送信アンテナ設置区間のみで聴ける日本と違い、常時受信できる。

交通情報だけでなく、ニュースや音楽も交互に流している。音楽はBGM風や、ちょっと古いカンツォーネ&アメリカン・ポップス中心だ。どこまで意図しているかは知らねど、運転者の興奮も導かなければ眠気も誘わない当を得た選曲である。だから長距離バスだけでなく一般ドライバーでも、かけっぱなしで聴いている人は多い。

いきなり喋りだす

またヨーロッパにはTP（トラフィック・プログラム）というシステムがある。これは一般のFM放送でも交通情報の時間になると、自動的にカーラジオがオンになるものだ。日本における緊

『イソラジオ』聴取は集中力の勝負だッ！

急地震速報の交通情報版と考えればよい。実際には自分でラジオをTPモードに選択しておく必要があるのだが、ラジオが急に喋りだすのは、慣れるまで結構ビビる。対応機だとCDやMP3プレイヤーを聴いていても切り替わり、交通情報が終わるとまた戻ってくれる。このTP、残念なのは国によって普及にばらつきがあることだ。ドイツなどでは90年代から一般的だったのに対して、イタリアでは今日もなお北部の一部地域を除き、サービスが提供されていない。

カーナビでは、TMC（トラフィック・メッセージ・チャンネル）と呼ばれる機能がある。FMデータ放送の機能を活用したものだ。画面に渋滞や事故、工事中の箇所を表示してくれるほか、文字でも障害の詳細を知らせてくれる。表示言語も切り替え可能だ。受信できる地域がまだ少ないことに不満が残るが、対応カーナビさえあれば無料で受信できるのはありがたい。

尾頭付き

イタリアにおけるさまざま交通情報システムを紹介したが、テレビ、イソラジオ、TMCとも、実は日本と違う大きな点がある。「いずれも全国版である」ということだ。たとえばテレビの交通情報では、イタリア半島の北から南まで、全国の高速道路の渋滞や事故を解説するのである。日本でもお盆などに全国の混雑状況を放送するが、イタリアではそれを毎日やっているということだ。これはイタリアの主要放送局が、公共放送RAI第3チャネルを除き、すべて全国同じ内容を放映していることに起因する。つまり、日本のように「ここからは東京のスタジオがお伝えします」といったキー局・地方局の切り替えがないのである。

イソラジオも全国で同じ内容を流している。たとえ北部フランス国境を彷徨っていても、半島最南端の事故情報まで聴かされる。稚内を走りながら鹿児島の交通情報を聴かされるようなものだ。魚でいえば尾頭付きの情報量なのである。

TMCは少々ましで、とりあえず自分がナビに設定しておいた方角の情報を提供してくれる。だが、たとえばイタリアを縦断する「太陽の道」が経路に含まれていたりすると、ミラノを出たばかりなのに、同じ路線上ということでローマ周辺の渋滞情報が出たりする。その距離は500km以上だ。実際の現場に到着する頃には混雑も終わっているだろう。

そのようなわけだから、ラジオの交通情報が始まったら、どのあたりで何が起きているか、真剣に耳を傾けなければならない。上り線か下り線かも聴き分ける必要もある。ステアリングを握って、無茶な追い越しや割り込みをするドライバーをかわしながら聴く。外国人のボクにとってはかなりハードなイタリア語リスニング練習である。

思い出の糸口に

しかしこの全国版交通情報、意外な「効果」も発見した。郊外に買い物に行った帰り道のことだ。結婚も十数年経過すると、助手席の女房と会話もなくなる。そんなとき、ラジオから例の交通情報が流れ出した。

ある北部の町のインターが混雑しているという。アナウンサーは「お祭りが原因です」と伝えた。ボクと女房は、思わず顔を見合わせた。去年の今ごろ、ちょうどその祭りに訪れたのである。それからはボクたちの間で、会った人の思い出話が始まった。

大雨の中、ずぶ濡れで撮影していたボクと女房をテントの中に招きいれ、「友情の印だ。食べろ」とご当地パンを焼いてくれた屋台のおじさん。ほんの少ししか会話せず、ボク自身も忘れていたというのに、年の暮れにきれいなクリスマスカードを送ってきてくれた老夫婦……。気がつけば家に着くまで、ボクと女房との会話はひたすら続いていた。

日本人の我が家にして、こうである。ボクなどよりずっと旅をしているイタリア人家庭のクルマの中で、「尾頭付き交通情報」はさまざまな思い出話の糸口を提供しているに違いない。

虫歯治療旅行

国境越えれば半額以下

ここ数年イタリアで密かに人気を呼んでいる旅行といえば、ずばり「夏休みを兼ねて、国外で虫歯を治してしまおう」というものである。つまり虫歯治療旅行だ。

ボクがインターネット検索してみたところ、イタリア語で対応している周辺諸国の歯科医院が即座に20軒近く見つかった。国名を挙げると、クロアチア、スロヴェニア、スロヴァキア、ハンガリー、ルーマニアといったところである。

人気の秘密は価格だ。スロヴェニアのある医院の場合、抜歯は円換算で約4000円、虫歯治療は1本約6000円から8000円である。ボクの経験ではイタリアで虫歯を治すと1万6000円近くする。したがって半額以下だ。そのうえイタリアでかなり高いレントゲン代は、東欧の歯医者さんの多くでは相当高度なものまで無料というところが多い。

イタリアで歯科治療は、健康保険がきかない個人の開業医にたとえ高くても頼ることが大半だ。なぜなら、公立の保健機関や病院の歯科は、保険が適用されても予約はかなり先になるからである。参考までに南部のヴェネヴェントという街で、母親が子供の歯科治療の予約をとろうとしたら「3年後まで予約が埋まっている」と言われ、問題になったことがあった。ボクの行きつけの歯科医も、２週間前後待ちが当たり前である。

それに対して、こうした東欧の歯医者さんたちは、インターネットによる即座な予約、明朗な料金体系で、イタリアの患者を取り込もうと努力している。

旅行会社とタイアップで、往復のフェリーや航空券やホテルも手配し、クロアチアの場合は美しいビーチ、スロヴァキアの場合は温泉を滞在中楽しめるところもある。旅行会社との共同企画でなくても、あるクロアチアの歯医者さんは、「イタリア国境沿いの街からクルマでわずか70㎞」と、その近さをアピールしている。実際、先日クロアチアに行った友人の話によると、ホテルは朝夕込みで１泊２人７０００円と破格に安かったという。

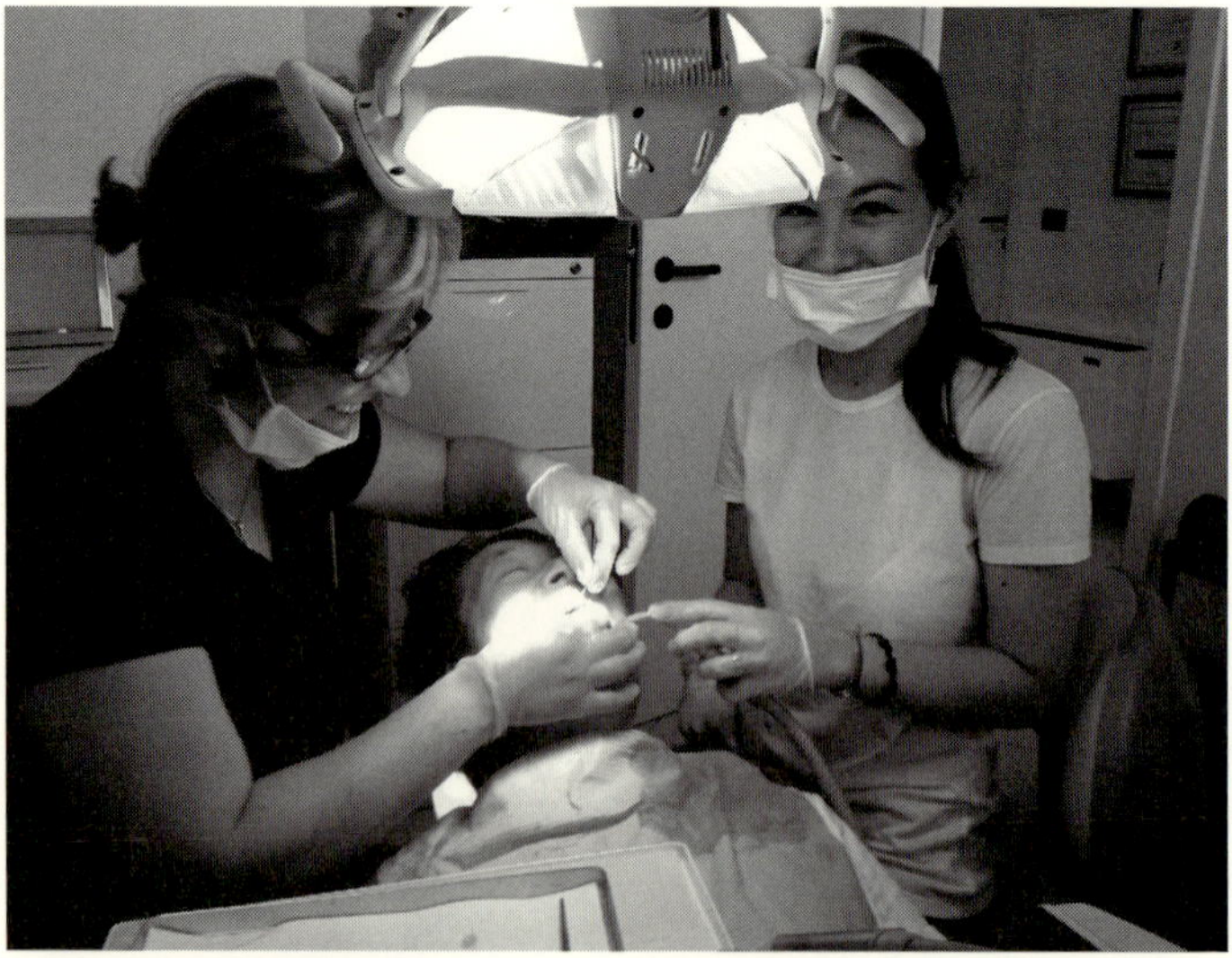

本文とは別に、矯正歯科のエリザベッタ先生（左）と治療中の筆者。

イタリアの歯科医療従事者でつくる組合は、「外国の歯科医院は、衛生面や技術に問題がある」と指摘する。しかし東欧の歯科医院は、たとえば「虫歯の詰め物に関しては治療完了日から2年の再治療は無料」といったように保証制度を明示するなど、これまた従来のイタリアにはなかった画期的システムで患者の不安を取り除くべく努力している。

外国旅行慣れしたイタリア人が増える中、こうした「虫歯治療旅行」も増えることが予想される。イタリアの歯科医院も、変革を迫られるだろう。

ところで前述したボクの行きつけの歯医者さんは感じも良いが、とにかく休診が多い。ある日電話をかけたら、留守番電話は無情にも「次の受付は」と言って、ひと月以上先の日にちを告げた。すでに夏休みに行ってしまっていたのだ。ボクの場合は歯のクリーニング依頼だったからよいが。

こんなこともあった。気になる歯があるので行ってみると、その日もまた休みだった。後日判明したのは、先生が顔役を務める町内会のお祭りが始まっていた、ということだった。とくにその夏は、イタリアを代表する伝統行事のひとつであり、シエナで行なわれる町内会対抗の競馬『パリオ』で先生の町内会が優勝した。したがって、祝賀行事はさらに盛り上がってしまっていたのだった。

仕方がないのでボクは彼を「お祭り先生」と名づけ、祭りが一段落して医院のドアが開くのを待ったのだった。

飛行機嫌いに「恐怖症外来」

6割が「飛行機嫌い」

イタリア人の6割は飛行機嫌い――そんな調査結果がある。18歳から65歳のイタリア人800人を対象に、乗り物の好き嫌いに関するアンケートを行なった結果（2011年）だ。飛行機嫌いは「鉄道や船が怖い」と答えた人を上回った。実施したのは『ヨーロッパ・パニック障害協会』という機関である。

周囲のイタリア人を見回してみても、「飛行機が嫌い」という人は多い。60代の土産物店員アンナおばちゃんはサルデーニャ島に妹、スイスに叔母がいるが、飛行機が怖くて一度も訪ねたことがない。常に彼女たちが来てくれるのを待っている。

若者にも飛行機嫌いは少なくない。30代の知人はスイス人のガールフレンドがいる。彼女の実家に行く際、飛行機なら2時間弱だが、あえて鉄道やクルマで700㎞の道のりを辿る。

この機会にボクが調べてみると、本稿を書いている2012年夏現在までに、イタリア領内における民間機の墜落事故は、チャーター機が燃料切れで海上に落ちた2005年を最後に発生していない。自国の航空会社に限れば、1990年のスイス・チューリッヒでの事故以来20年以上も発生していない。

にもかかわらず、今も飛行機嫌いが多い理由は何か？　察するに、ひとつは国内にさまざまな観光地や自然が豊富に存在することがある。海も、山もきれい。食べ物もうまい。飛行機に乗って外国にまで遊びに行く必要がなかったのだ。もうひとつは、他の交通機関と事故の確率を比較したうえでの安全性や、乗客1名あたりCO_2排出量などの少なさなど、飛行機の優位性を示した情報がこの国では少ないことだ。

そのいっぽうで、アフリカや東欧・ロシアなど外交上比較的近い国における航空機事故の報道が恐怖心を煽る。

がんばって乗れば……

そうしたなか、南部シチリア州パレルモの公立病院に「飛行機搭乗外来」が開設されて話題となっている。飛行機に乗るのが怖くて利用できない人のための専門外来だ。治療室には本物の旅客機の座席が置かれ、来院した人はビデオグラスをかけて客室の画像を見ながら実際の音や振動を体験する。健康保険も適用される。ニュースでインタビューに答えていた病院関係者によると、「来院者の97％が飛行機への恐怖を克服している」という。

思うにこの外来が人気なのは、近年イタリアにも続々就航している他国の格安航空会社、いわゆるＬＣＣが背景にあるだろう。「がんばって乗れば安い」と思う人が増えたのに違いない。

欧州圏内便の名物といえば、着陸時にイタリア人乗客から巻き起こる拍手だ。そのたび他国人の乗客はびっくりする。だがもしかしたら病院にまで通って怖さを克服したのかもしれない。したがって、ボクは彼らが頑張った証と思って温かく見守ることにしている。

キャンプ場でもスパゲッティ

いっぽうで、冒頭のアンケートで、逆にイタリア人が「もっとも乗っていて安心する乗り物」と答えたのは、自動車、オートバイ、キャンピングカーといった、いずれも個人的移動手段だった。調査した機関は、「(イタリア人は)すべて自分の手で操縦できるものに、安心感を見出している」と分析する。イタリア中央統計局の統計をみても、休暇に車を使うと答えた人は67%で、飛行機や船と回答した人を大きく引き離している。

ボクの知り合いの50代夫婦も先日、飛行機なら2時間ちょっとのフランス・パリ郊外まで、自家用車で走りっぱなしで12時間かけて休暇に行った。

そうしたイタリア人の夏休みに向かうクルマの多くを見ていると、さまざまな物を積んで、いや満載している。キーワードは「使い慣れたもの」だろう。トイレットペーパーや紙おむつといったものは、場合によってはイタリアより周辺諸国のほうが安い。にもかかわらず日頃の愛用品をわざわざ持ってゆく人が多いのだ。

先日などは、あるホテルで枕をふたつ抱えて駐車場に向かう夫婦を発見した。「コラーッ、宿の備品を持ってゆくなッ!」と怒ろうと思ってよく見たら、彼らが持参した枕だった。イタリアの枕はフワフワしているため、クルマの荷室に入れると嵩張る。それでも安眠のため、あえて「マイ枕」を持ち運んでいるのだ。

かわって、欧州各地のキャンプ場で見かけるのは、イタリア人が大きなパスタ鍋を持参してきていて、昼になるとスパゲッティを茹で始める光景だ。ついでにトマトソースのいい香りも立て始めるものだから、イタリア人がいることが即座にわかる。もしこれが日本人なら電気炊飯器をどこにでも持ってゆくようなものであり、「郷に入れば郷に従えヨ」とも言いたくなる。だが、世界に誇るイタリア食文化はかくして守られているのだと信じ、着陸時の拍手同様こちらも温かく見守ることにしているボクである。

某格安エアの名物ビンゴ販売。クジ好きイタリア人に格好の気まぐれ？

あとがき

「オレたちゃイタリア人」という合い言葉

お読みいただいたとおり、一日本人であるボクの視点から眺めたイタリア人たちを書き連ねてきた。

彼らの生活は日本の基準を当てはめてしまえば前時代的なことが多々ある。大都市志向がないのにも拍子抜けする。

しかし、実は住み慣れた人間サイズの街で、毎日を家族や仲間たちと日々楽しんでいる。遠い将来の大きな目標に向かうことも大切だが、それで必要以上にあくせくするよりは今日の喜びを大切にする。ボクはこれを「シアワセのリボ払い」と呼んでいる。

これこそが、経済危機後いまだライフスタイルが定まらない日本人が、イタリア人をお手本にすべき点であろう。また『救急車ボランティア』のように、その質にある程度目をつぶってもサービスを存続させる工夫は、やがて日本でも必要になってくるに違いない。

話は変わって、イタリア人がよく発するフレーズに「シアモ・イタリアーニ!」というのがある。Siamo italiani とは「オレたちゃイタリア人」という言葉だ。

それは、さまざまなシーンに登場する。

たとえば、ちょっとした集いに呼ばれて、予期せぬご馳走をしてもらったとする。ボクが恐縮していると彼らからは「シアモ・イタリアーニ！」が飛び出す。要は、仲間を呼んでふるまい、一緒に騒ぐのがイタリア人の流儀だ、というわけだ。

こんなこともあった。夏の夜、イタリアでは小さな子供が遅くまで親と一緒にジェラートを舐めなめ散歩を楽しんでいる。あるとき、ひとりの父親に「こんな遅くまで、寝かせないで大丈夫っすか？」と聞くと、彼からは「シアモ・イタリアーニ！」という答えが返ってきた。夏は家族で心地よい夜を謳歌し、ひいては語らいの機会とする絶好のシーズン、というのが、彼の主張だった。

この「オレたちイタリア人！」は不満を述べたいときも使われる。

たとえば、銀行や役所の窓口で長蛇の列に並んでいるとき。中にいるスタッフの仕事ぶりは、イタリア人の目からしても非効率である。そうしたとき、前後に並んでいる見知らぬ人といつの間にか話し始める。そして最後に「シアモ・イタリアーニ！」と締めくくる。オレたちゃイタリア人でイタリアに住んでいるのだから仕方ない、というわけだ。

それで思い出すのは、ボクが欧州で働く日本人精神科医から聞いた話だ。氏によると、「彼らは日々の不満を周囲の人に少しずつ吐露することによって、心のバランスを保っている」のだそうだ。近年日本にはびこる「キレる」状態がそれで抑えられているのだとすれば、「シアモ・イタリアーニ！」とつぶやくことは、それなりの効果があることになる。

いっぽうボクが東京で見たクルマや最新技術を語って聞かせるときも、イタリア人の口からは、この「シアモ・イタリアーニ」が出る。その裏には、オレたちの国は、お前たちの国に到底敵わないという、いわば「白旗」が隠されている。

『プロジェクトX』の国に育ったボクとしては、「おいおい、悔しくないのかよ？」と言いたくなるが、彼らは意に介さない。

イタリア人と日本に関していえば、こんなこともある。

ボクが「年金の不正受給」や「障がい者認定における不正」といった、最近の困ったニッポン事情を話すと、周囲のイタリア人は「なーんだ、ジャポーネ（日本）にもフルボなヤツがいるんじゃないか！」と安堵に似た笑みを浮かべる。furboとはずる賢いの意味だ。イタリア人が、小は自分の子どもから大は閣僚まで、さまざまな人物を話題にするときよく使う。そして彼らはこう付け加える。「日本人も、ずいぶんとイタリアーニになったな」。その言葉の裏には、「人間は誘惑に弱い。日本人も同じ人間で安心したよ」という安堵感と親しみが含まれている。

またイタリア人の記憶に意外に残っている日本関連ニュースに、「国際会議でローマを訪れた日本の大臣が〝朦朧会見〟をした」というものがある。すでに3年前のことなのに、みんなよく覚えている。ただし、彼らの多くはそれを冷笑するどころか、一様に「いやあ、クソ真面目なだけかと思っていた日本人の意外な一面がみられて、シンパティコだった」と温かい目を向けるのだ。Simpaticoとは「感じのよい、好感のもてる」を意味する。イタリア人が最も好きな言葉である。

最先端テクノロジー・極上サービス・真面目さを至上とするのは、モノづくりとおもてなし、そして礼節の国ニッポンのアイコンであり、これからも大切にすべきものだ。

しかしそれを追求するあまり息が詰まりそうになったら、たまにはボクたちも、かつての日本のごとく猛烈に働く新興工業国を眺めながら「シアモ・ジャポネージ（オレたちゃ日本人！）」と言って、そろそろ肩の力を抜いてみてもいいのではないか。

それが遠慮なく言える日が来てこそ、ボクたち日本人がシアワセになれると確信している。

最後に、東京滞在中のボクの講演会に熱心に足を運んでくださったうえ、本書企画を実現まで漕ぎ着けてくださった二玄社編集部の崎山知佳子さん、本をデザインしてくださった町田典之さんに心からgrazie mille!

２０１２年夏　　大矢アキオ

大矢アキオ
Akio Lorenzo OYA
コラムニスト。東京生まれ。国立音楽大学卒（ヴァイオリン専攻）。二玄社『Super CG』編集記者を経て、イタリア・シエナ在住。現在、NHKラジオ講座『まいにちイタリア語』、Webの『asahi.com』『webCG』など多くの媒体に連載をもつ。またNHK『ラジオ深夜便』のレギュラーリポーターを始めラジオ・テレビでも活躍中。その軽妙な筆致と語り口に、老若男女を問わず多くのファンをもつ。
主な著書に『カンティーナを巡る冒険旅行―イタリア式クルマ恋愛術』『イタリア式クルマ生活術』『僕たちのトスカーナ生活』『幸せのイタリア料理』（光人社刊）『Hotするイタリア―イタリアでは30万円で別荘が持てるって？』（二玄社刊）、訳書に『ザ・スピリット・オブ・ランボルギーニ』（光人社刊）がある。
ウェブサイトは www.lavitatoscana.it

イタリア発《はつ》シアワセの秘密《ひみつ》
笑って！ 愛して！ トスカーナの平日

初版発行　2012年10月5日

著　者　大矢アキオ（おおや・あきお）
発行者　渡邊隆男
発行所　株式会社　二玄社
〒113-0021　東京都文京区本駒込6-2-1
電話　03-5395-0511
http://www.nigensha.co.jp/
装　丁　町田典之
印　刷　モリモト印刷株式会社
製　本　株式会社越後堂製本

Printed in Japan
ISBN978-4-544-40060-1